新时代投资新趋势

江恩时空理论
精华笔记图文版

[美]威廉·D.江恩（William D. Gann） 著　诸葛金融 编译

清华大学出版社
北京

内容简介

本书是江恩的内训课程——"股市投资大师课"原始讲义的中文合集,是江恩时空理论的核心资料集,具体内容包括:江恩角度线、正方形、轮中轮等几何工具,江恩趋势预测法、时间预测法、阻力位预测法等预测方法,以及江恩形态学、成交量等实战规则。在此基础上,江恩综合运用上述方法,拆解了华尔街股市牛熊循环的时间密码和成交量密码。在全书的最后,江恩还用大案例的形式,仔细讲解了一套实用的交易系统。

本中文译本是江恩时空理论的当代解读版。全书以炒股软件自带的"江恩分析系统"为工具,复现了江恩时空理论的技术原理和实战技法,并采用A股的案例,验证了江恩时空理论在A股市场的有效性,是投资者学习江恩时空理论的重要资料。

全书译文准确,解读专业,制图精美,案例丰富,实战性强,适合股票、期货、外汇等市场的投资者,并可以作为机构内部培训的教材。

本书封面贴有清华大学出版社防伪标签,无标签者不得销售。
版权所有,侵权必究。举报:010-62782989,beiqinquan@tup.tsinghua.edu.cn。

图书在版编目(CIP)数据

江恩时空理论:精华笔记图文版 /(美)威廉·D.江恩(William D. Gann)著;诸葛金融编译. -- 北京:清华大学出版社,2025.4.
(新时代·投资新趋势). --ISBN 978-7-302-68852-5
Ⅰ. F830.91
中国国家版本馆CIP数据核字第2025F74R82号

责任编辑:刘 洋
封面设计:徐 超
版式设计:张 姿
责任校对:王荣静
责任印制:丛怀宇

出版发行:清华大学出版社
网　　址:https://www.tup.com.cn,https://www.wqxuetang.com
地　　址:北京清华大学学研大厦A座　　邮　编:100084
社 总 机:010-83470000　　邮　购:010-62786544
投稿与读者服务:010-62776969,c-service@tup.tsinghua.edu.cn
质 量 反 馈:010-62772015,zhiliang@tup.tsinghua.edu.cn

印 装 者:三河市东方印刷有限公司
经　　销:全国新华书店
开　　本:170mm×240mm　　印 张:16.25　　字 数:240千字
版　　次:2025年6月第1版　　印 次:2025年6月第1次印刷
定　　价:79.00元

产品编号:111905-01

总序
PREFACE

华尔街没有新鲜事

100多年前,位于新大陆的美国从一个边缘的新兴国家,逐渐崛起为世界第一强国。在这个过程中,华尔街主导的美国证券市场在大国崛起红利的催生下,野蛮生长。20世纪初叶,作为新兴市场的美国股市,华尔街充斥着各种类型的投资者和形形色色的投机者。他们在"大开大合"的市场中充分博弈,股市随之毫无悬念地暴涨暴跌。新兴的美国与"老欧洲"不一样,新大陆充满了乐观的冒险精神。暴涨暴跌的股市丝毫没有影响公众的参与热情,很多社会精英人士也纷纷入场。

·华尔街三大经典理论

当时美国的精英人士,普遍拥有批判思维,并信奉科学主义。一些精英人士经过市场的捶打后,无论是源于"好研究"的科学精神,还是出于"获大利"的自私动机,开始以科学的方式研究股市,以期能够"解释过去和预测未来"。由此,华尔街诞生了三大经典理论,分别是道氏理论、艾略特波浪理论和江恩时空理论。

道氏理论是金融市场的奠基之作,其重要性怎么强调都不过分。罗伯特·雷亚的《道氏理论》是个体投资者版的道氏理论,是所有投资者的"枕边书"。作为一名成功的个体投资者,雷亚在《道氏理论》中阐述了金融市场价格运动的理论框架、宏观经济与金融市场的相互关系,以及个体投资者的交易手法。

如果说道氏理论以定性的方式描述、解释和预测股市的价格运动，艾略特波浪理论则是在道氏理论的基础上，试图以定量的方式描述纯粹的价格运动，并作出精确的解释和预测。因此，如果一名个体投资者既熟悉道氏理论又略知艾略特波浪理论，将获得巨大的"工具优势"，通常能够相对精确地判断价格运动的轮廓以及各种类型的价格拐点。

江恩时空理论是一种玄妙又精准的"神秘操盘术"，其中的只言片语往往都能够成为个体投资者的"独门绝技"。江恩在有生之年，并没有公开自己的理论，而是以"股市投资大师课"的形式闭门传授。多年以后，唯有当年课程的原始教材才能传道解惑。事实上，江恩勤于笔耕，他的著作堪称"投机交易的百科全书"。任何一名没有成见的投资者，在认真阅读过江恩的原著后，相信都会收获颇丰。

·华尔街真的没有新鲜事

在三大经典理论的加持下，华尔街的内部人士重新诠释了华尔街最著名的一句话："华尔街没有新鲜事。"

在华尔街内部人士看来，这句名言有两层意义。第一层是公众熟悉的老生常谈——华尔街没有新鲜事，因为投机交易像群山一样古老。这是《股票作手回忆录》开篇的第一句话，因华尔街大作手杰西·利佛摩尔的传奇故事而广为人知。但是，这层意义流于表面，是普通投资者人云亦云的正确废话（注：投机交易领域有大量的正确废话，这些正确的废话是普通投资者成长路上的毒鸡汤）。第二层则是，华尔街的内部人士都知晓一个常识——三大理论已经破解了投机交易的秘密，华尔街真的没有新鲜事了。换句话说，看似古老的三大经典理论就跟群山一样，过去有效，现在有效，未来依然有效。

·华尔街进入计算机时代

20世纪晚期，华尔街进入了计算机时代。在金融市场的技术分析领域，传统的纸质数据和纸质图表实现了即时性的电子化，全世界的投资者几乎可以同时看见完全一样的电子数据和电子图表；而计算机远超人类的数据处理能力，促使技术指标和 K 线图得到了广泛使用。

这是一个全新的交易时代，华尔街三大经典理论依然不动如山。新时代是个体投资者的福音，因为计算机技术大大降低了普通人学习和使用三大经典理论的门槛。任何一款交易软件中，基于三大经典理论的"工具包"都触手可及。例如，"多品种叠加"对应了道氏理论的"相互验证"；"波浪尺"对应了艾略特波浪理论的斐波那契数列；至于江恩时空理论，通常都专门开发了"江恩分析系统"。

需要注意的是，三大经典理论的共同点是趋势。技术指标是基于价格运动的"价、时、量"的数学处理，可以视为特殊的图表，其主要目的是过滤价格运动的杂讯，更好地展示趋势特征，具有相对的确定性和滞后性。K 线图是单位时间内重要价格的图形化，直观展示了多空双方的博弈过程和结果，能够最早呈现趋势变化的信号。

· 投资 A 股的正确认知

A 股既不是所谓的"赌场"，也不是"伪价值投资者"的乐园。A 股如同百年前的美国股市一样，处于一个大国证券市场的新兴阶段。以全球金融史的记录为参照，A 股不是一个例外的市场，而是一个中规中矩的市场，完全遵循证券市场的运行规律。

牛熊循环是金融市场的基本规律，股市通常每隔几年都会出现一轮中等规模以上的牛熊循环。因此，一般来说，一个人在其有生之年都会经历三次以上的牛市，而三次正确的牛市操作，足以改变命运。但是，金融市场高收益的另一面是高风险，一次错误的熊市操作，同样也会导致巨额亏损。

江恩认为，投机交易（注：这里的投机交易是指在金融市场，试图通过买卖证券而获利的行为）是一门有利可图的生意。在商业领域，任何一种低门槛的生意都意味着低成功率，成功者都需要掌握正确的专业知识和专业技能，并拥有一些运气。对于几乎"零门槛"的股市投资来说，成功者更需要专业的学习和训练。

·A股投资者的"学—练—悟"

交易是投资者与市场的互动,正确的互动赚钱,错误的互动亏钱。因此,投资者需要学习三种知识,练就三个技能,以及建立一个信仰,这就是投资者的"学—练—悟"。

三种知识包括:①市场价格运动的模式和规律。用于解释和预测市场的价格运动,即通常意义的技术分析。②投资者与市场互动的交易行为,也称交易手法。这是投资者主动管控账户资金曲线的专业知识。③如何学习前两种知识,并把两种知识融会贯通,进而形成专业技能的知识,即训练方法。

三个技能包括:①读图技能,基于技术分析的知识,熟练分析价格运动和识别交易机会的能力。②选股技能,基于市场的阶段性特征,综合个股的技术面和基本面,筛选出强势股的能力。③交易技能,基于交易手法的知识,理性拟订和执行交易计划的能力。

对于A股的投资者来说,译者建议采用以下方法,快速完成"学—练—悟"。

首先,要掌握A股的炒股软件,这是"学—练—悟"的工具。读者可以参阅《通达信公式编写》,快速从交易视角掌握A股的炒股软件。

交易进入计算机时代后,裸K线交易法成为当代个体交易者的主流技术。读者可以参阅《裸K线技术分析与交易》,掌握要"学"的三种知识。

其次,《炒股入门》以场景化的形式,复原了交易训练营的具体方法,是"练"三个技能的执行手册。

最后,由于交易本质上是风险与收益的互换,存在巨大的不确定性。投资者即便学得认真,练得刻苦,实战中难免依旧心有惶恐,因此还得"悟"。"悟"就是反复阅读华尔街的三大经典理论,彻底熟悉市场的正常状态以及可能的极端情形,从而坚信华尔街真的没有新鲜事。

诸葛金融

译者序
PREFACE

江恩股市投资大师课精要

1909年10月,在华尔街另外一名理论大师——理查德·D. 威科夫（Richard D. Wyckoff）的见证下,时年31岁的威廉·D. 江恩（William Delbert Gann, 1878—1955）一战成名。在10月的25个交易日中,江恩以保证金双向交易的方式,在股市进行了286笔交易。其中264笔交易获利,22笔交易亏损,而保证金则增加到了10倍。

成名后的江恩在做交易的同时,审慎地创建了自己的新事业——投资者教育和咨询。具体形式有两种：一种是帮助普通投资者的图书；另一种是针对高净值精英投资者的内训课程和一对一投资咨询。尽管后者均以高价闻名,购买参加者却趋之若鹜。在江恩的内训课程中,"股市投资大师课"（Master Stock Market Course）是最受欢迎的经典课程。该课程的原始讲义正是本书的英文底稿。

接下来,讨论三个读者关心的问题。

第一,江恩时空理论有用吗？

正如威科夫所言：江恩的时空理论与当时华尔街其他专家的方法迥然不同,是一种全新方法。但是,威科夫强调,在讨论江恩时空理论的时候,人们应该牢记一个基本事实：江恩的预测在绝大多数情况下都被证明是正确的。

100多年后,江恩的方法,经译者在A股的个股上运用,其有效性同样能够得到验证（注：参见本书第1章的笔记）。

第二，如何学习江恩的时空理论？

江恩认为，看似杂乱无章的股市价格运动，其实完全遵循基于数学的自然法则。江恩的时空理论就是数学化的自然法则。数学是因，价格运动是果，两者存在因果对应关系；价格运动是表，数学是里，两者是表里关系。在市场预测与交易实践中，江恩将金融市场的数学原理几何化，以方便投资者学习和使用时空理论。

因此，江恩在阐述时空理论的时候，会涉及三部分内容：首先，是几何化的数学原理，这是投资者看不见的股市内在原理，是推动价格运动的底层逻辑；其次，是投资者能够看见的二维坐标的行情走势图，包括时间与价格、时间与成交量；最后，前面两部分内容的相互关系。

读者按照上述思路，大致就能够理解江恩"由里到表"和"由果找因"的讲解方式。

第三，江恩时空理论的实战价值。

译者认为，在交易层面，江恩的时空理论可以定义为"精确拐点技术"，即提前预测特定周期下，特定交易标的价格运动的拐点。最神奇的是，同样的技术方法，既可以用在月线、年线的长周期，也可以用在日内的超短线交易。

读者需要注意，同时也是江恩反复强调的关键点是，预测的结论需要获得盘面走势（价格形态、阻力位和成交量）的及时验证。更重要的是，江恩要求投资者带着止损单进场做交易，这意味着江恩并不认为自己的时空理论就是交易的圣杯，也会有出错的时候。

由于江恩时空理论玄妙又神奇，译者的观点是抛砖引玉的一家之言，仅供读者参考。如有不当之处，敬请指正。

最后，祝读者学有所悟，投资顺利！

诸葛金融

目录
CONTENTS

01 第 1 章 股市预测法

1.1　图表的种类 / 002

1.2　如何预测 / 003

1.3　预测股市的时间规则 / 005

1.4　股市预测指南 / 010

1.5　如何以顶部或底部为起点运用角度线 / 013

1.6　几何角度线的规则 / 016

1.7　为什么几何角度线能对股价产生影响 / 017

1.8　如何使用几何角度线 / 024

1.9　快速上涨和快速下跌 / 025

1.10　心存疑虑时应运用什么规则 / 029

1.11　12 主控图 / 029

1.12　九方图 / 032

02 第 2 章 形态解读和研判股票趋势的交易规则

2.1　投机或投资成功的必备条件 / 036

2.2　需要多少本金 / 037

2.3 运用何种图表 / 038

2.4 主要趋势和小型趋势 / 038

2.5 趋势线的指示 / 039

2.6 底部形态和顶部形态 / 046

2.7 牛市与熊市的几大阶段 / 048

2.8 如何研判主要趋势的改变 / 049

2.9 如何研判小型趋势的改变 / 053

2.10 如何利用开盘价和收盘价确定趋势最初的变化 / 054

2.11 当股票涨到新的高价区间或跌到新的低价区间 / 055

2.12 何时使用最高价与最低价的日线图 / 056

03 第3章 阻力位

3.1 波动区间 / 058

3.2 最高价 / 059

3.3 最重要的股票运动 / 059

3.4 次级底部和次级顶部 / 060

3.5 阻力位的强弱顺序 / 062

3.6 平均值或中位价 / 062

3.7 突破主要中位价之后的下一个阻力位 / 064

3.8 同一水平位置附近有两个阻力位 / 064

3.9 如何寻找阻力位 / 065

3.10 牛市或熊市最后阶段的小幅赢利 / 065

3.11 空转 / 066

04 第 4 章
江恩预测法的基础与几何角度线

4.1 江恩预测法的基础 / 068

4.2 如何绘制图表 / 069

4.3 几何角度线 / 071

4.4 如何绘制几何角度线 / 073

4.5 几何角度线的标准图 / 075

4.6 如何以个股的某个低点为起点绘制角度线 / 075

4.7 从何种底部开始绘制角度线或中值点的连线 / 078

4.8 以底部为起点的 45°角度线被跌破之后,应该做什么 / 079

4.9 如何以日线、周线或月线图表上的顶部为起点绘制角度线 / 080

4.10 以顶部为起点绘制出的 45°角度线上方的强弱形态 / 082

4.11 双顶(底)和三重顶(底) / 083

4.12 平行的角度线 / 085

4.13 以 0 点为起点绘制几何角度线 / 085

4.14 当顶部形成时从 0 点作角度线 / 087

4.15 以同一个底部为起点作两条 45°角度线 / 088

4.16 从一个顶部到下一个顶部的角度线 / 089

4.17 以第一轮陡直下跌的底部为起点作的角度线 / 091

4.18 牛市或熊市中的最后一轮摆动 / 092

4.19 价格在角度线上的位置与强弱状态 / 094

4.20 新上市股票的角度线 / 096

4.21 纬度和经度 / 096

4.22　在图表上记录时间周期的规则 / 098

4.23　时间周期的计算起点 / 099

4.24　价格与时间形成的正方形 / 100

05　第 5 章
时空循环的交叉点

5.1　自然阻力位与时间循环点 / 106

5.2　以数字的平方估算时间和阻力位 / 110

5.3　重要的阻力数字——12～100 / 111

06　第 6 章
江恩时间预测法

6.1　预测月线的运动 / 116

6.2　预测周线的运动 / 117

6.3　预测日线的运动 / 118

6.4　如何对一年划分周期 / 119

6.5　牛市或熊市的日历年 / 119

6.6　预测时应牢记的重点 / 121

6.7　重要时间周期内的快速运动和顶点 / 122

6.8　纽约股票交易所永恒图表 / 123

07　第 7 章
如何利用时间预测法做交易

7.1　个股 / 128

7.2 节假日前后的趋势变化 / 129

7.3 开始交易前必须知道什么 / 129

7.4 做交易前应查看什么 / 130

7.5 纸上交易练习 / 131

7.6 何时平仓 / 131

7.7 何时应等待不要做交易 / 132

7.8 遵循所有交易规则 / 132

08 第 8 章
江恩内训版道琼斯工业价格平均指数的形态与买卖点解析（1903—1939 年）

8.1 第二轮熊市 / 134

8.2 第三轮牛市 / 135

8.3 第三轮熊市 / 137

8.4 第四轮牛市 / 139

8.5 第四轮熊市 / 142

8.6 第五轮牛市 / 144

8.7 第五轮熊市 / 145

8.8 第六轮牛市 / 147

8.9 第六轮熊市 / 150

8.10 第七轮牛市 / 151

8.11 第七轮熊市 / 154

8.12 第八轮牛市 / 157

8.13 第八轮熊市 / 159

8.14 第九轮也是最大的牛市 / 160

8.15 第九轮熊市 / 169

8.16 第十轮牛市 / 179

8.17 第十轮熊市 / 193

8.18 第十一轮小型牛市 / 196

8.19 第十一轮小型熊市 / 198

8.20 第十二轮小型牛市 / 199

09 第 9 章
华尔街历史中的时间密码

10 第 10 章
华尔街历史的成交量密码

10.1 通过成交量研判行情到顶的规则 / 216

10.2 道琼斯工业价格平均指数的每月成交量记录分析（1930—1939 年） / 217

11 第 11 章
一套实用的交易系统

11.1 利用隔夜图表的机械交易法 / 232

11.2 机械交易法的交易规则 / 233

11.3 交易美国钢铁的案例 / 236

第 1 章
股市预测法

01

◉ 导读笔记

1. 在经典的技术分析理论中，与道氏理论和艾略特波浪理论相比，江恩时空理论的实战性较强。

艾略特在60岁左右开始研究股市，提出了市场价格运动的模式是符合自然规律的。而江恩比艾略特晚出生几年，他在年轻时便是一名职业操盘手。

2. 江恩使用的交易工具可以用"天圆地方"的哲学作类比。

"圆"体现在他对时间循环的理解，以及对圆进行划分，从而得到角度及角度线。

"方"体现在他对时间、价格等层面作预测的时候，还会用到方形图。例如，12主控图（the master chart）、九方图（square of nine）等。

3. 江恩的时空预测法既要考虑大的循环与转折，又要分别确定起点、方向和步长等。在实战中应用江恩理论时，需要具有丰富的经验。本章还介绍了如何在炒股软件中使用常见的分析工具，如角度线、周期线等。

- - - - - - - - - -

1.1 图表的种类

图表的种类有年线图、月线图、周线图和隔夜图表（overnight chart）。在周线图上可以发现，个股的逆向小型趋势通常会向上运行两周或三周，但不会在第三周形成一个更高的顶部或更高的底部。但是，还有一些时候可能会停留数周，期间不会上涨到两周前的反弹高点之上。在这种情况下，使用高于或低于这两周逆向运动的高点或低点3个点的止损单作保护，卖出或是买进始终是安全的。如果市场即将走高，第三周就应继续上涨；如果市场即将走低，第三周就应继续下跌。这些规则在熊市和牛市中均适用。

若要在隔夜图表中指示趋势反转，价格必须运行到上一个顶部或底部上方3个点。隔夜图表是以底部为依据的，只要形成了更高的底部，就会继续向上；只要形成了更低的底部，就会继续向下。所有的运动均以底部为计算基准。对于上涨的市场来说，底部必须抬高或者说上升；如果市场下跌，底部就必须下降。

◎ 精华笔记

1. 图表是技术分析的基础。投资者的交易策略决定了应选用哪种时间周期的图表进行技术分析。在江恩所处的时代，隔夜图表（即日线图）是投资者可以获取的时间周期最小的图表。

2. 江恩的交易策略通常是顺势而为，上涨趋势需观察底部是否抬高，下降趋势的底部必须下降。

策略主要使用了周线和日线图表。在周线图表上找到逆趋势的调整阶段，并且估计调整的时长，通常调整2周到3周。如果调整的时间更长，投资者可以考虑区间交易策略。另外，趋势的反转是在日线图表上进行观察的。

3. "3个点"是江恩理论中重要的价格参数，一般对应3美元。在实战中，投资者需根据交易品种，换算成相应的价格单位。例如，我们在测量上证指数的时候，由于该指数长时间围绕3000点波动，那么1个点可以对应指数的30点。又如，对于价格在30～50元区间波动的个股，1个点可以对应1元。

1.2 如何预测

市场中的所有运动都是自然法则的结果，在结果发生的很久之前，原因早就存在，所以才能够提前多年进行预测。事物分轻重，为了可以准确预测未来，必须要知道主要的循环，因为绝大部分的钱是在极限波动时挣到的。

股市的大循环，每49～50年发生一次。持续5～7年的极限最高价或极限最低价的"50周年纪念"时期，刚好出现在50年循环结束时。

"7"是《圣经》中多次提到的毁灭性数字，它为土星所支配，而土星会带来紧缩、萧条和恐慌。7的平方等于49，它被认为是致命的、不幸的一年，会引发剧烈的波动。

最重要的时间循环是20年循环，也就是240个月，绝大多数个股和指数最接近于按照此循环来运行，而不是任何其他的循环。5年是20年的1/4；10年是20年的一半，10年也非常重要，因为10年有120个月。15年是20年的3/4，也很重要，因为15年有180个月；同样地，7½年也很重要，因为7½年有90个月，而90的15/16是84⅜。

下一个重要的大循环是30年循环，它是由土星引起的。土星每30年绕太阳运行一周。土星支配着地球上的生物，在每30年循环结束会导致地球上的生物达到极限高点或极限低点，这也使股票有了最高价或最低价。然而在所有循环中，最重要的是20年循环。

再下一个重要的大循环是10年循环，每10年会产生同样性质的波动，以及极限高点或极限低点。股市通常表现出每10年一个循环。小循环有3年、6年。最小的循环是1年，1年循环常常会在第10个月或第11个月表现出趋势的改变。

在快速运动的市场中，一轮运动会运行6～7周，然后便会出现小型趋势的某种逆转；但是，市场也经常会持续几个月，期间仅调整两周，随后可能会休整两周或三周，接下来继续主要趋势。例如通常表现出顺势上涨到第三周，或下跌到第三周。这条规则同样适用于日线运动。快速运动的市场在与主要趋势相反的方向上，通常只会运动两天，第三天便继续与主要趋势一致的进程，重新上涨或下跌。

◉ 精华笔记

1. 时间是江恩理论的核心要素，对应了市场循环的周期。

江恩提出了几个重要的循环周期：50年、30年、20年、10年、6年、

3年、1年等。

2. 数字"7"是江恩理论中的一个基础数字，这源于他对占星学的研究。例如，7年、7周都是他在观察市场中容易联想到的数字；他甚至认为每年的7月左右，市场可能会出现转折。

运用角度线于所有运动中时，还要计算主要运动或次要运动的1/3位、2/3位、1/4位和3/4位。一半是最重要的，因为它等于45°角度线，这是最强有力的、最致命的。其次重要的是2/3位，它等于一个三角形，即120°。

所有基于自然法则的规则，同样适用于时间、空间和成交量的图表。

◎ 精华笔记

5个重要的角度线位置：1/3位、1/2位、2/3位、1/4位和3/4位。其中，1/2位（即45°角度线）是最重要的。关于角度线的内容，详见第4章。

猜测毫无益处。始终要考虑市场主要的时间摆动；然后注意周线图和隔夜图表，直到显示出反转，或者说时机已到。所有的市场都分三个或四个阶段运行，第三次或第四次向上或者向下运动，常常标志着转折点的出现。反转信号总会在时间到来之前出现，之后市场可能会做两次或三次向上或者向下的摆动，到达同一个区域。假如比先前的顶部略高，或者比先前的底部略低，都属于警示信号。发生这种情况的市场，要么在吸筹，要么在派发。

1.3 预测股市的时间规则

股市以10年为循环，其中又分两个5年：一个整体向上的5年，另一个整体向下的5年。

规则1：在牛市或熊市中，若不出现3～6个月或1年反向运动的情况，则不会继续向上或向下运行3～3½年以上。许多行情都结束在第23个月，但不会走完两年。注意周线图和月线图，以便研判顶点可能会出现在一轮行情的第 23～24 个月、第 34～35 个月、第 41～42 个月、第 49～60 个月、第 67～72 个月，还有第 84～90 个月。

规则 2：一轮牛市可能运行 5 年，其中 2 年上升，1 年下降，2 年上升，形成一个 5 年的循环。一轮 5 年行情的结束可能在第 59～60 个月。始终注意第 59 个月的趋势变化。

规则 3：一轮熊市可能会运行 5 年。首先是向下运行 2 年，然后向上运行 1 年，最后向下运行 2 年，形成 5 年的向下摆动。

规则 4：给任意顶部加上 10 年，可以得到平均波动大致相等的另一个 10 年循环的顶部。

规则 5：给任意底部加上 10 年，可以得到下一个 10 年循环的底部。此 10 年循环将重复大致相同的结构，以及大致相等的平均波动幅度。

规则 6：熊市可能从任意完整的底部开始，用 7 年时间走完循环，或者是 3 年加 4 年的时间。换句话说，从任意一轮循环的完整的底部加上 3 年，就来到下一个底部；然后加上 4 年，就来到 7 年循环的底部。

规则 7：从任意一轮循环的完整的顶部加上 3 年，就来到下一个顶部；然后加上 3 年，就来到第二个顶部。从第二个顶部再加 4 年，就来到 10 年循环的最终顶部。

规则 8：给任意顶部加上 5 年，可以得到平均波动大致相同的下一个 5 年循环的底部。为了计算下一个 5 年循环的顶部，可以给任意底部加上 5 年，就可以得到平均波动大致相同的下一个顶部。

1917 年是一轮大型熊市行情的底部，加上 5 年得到 1922 年。这是一轮小型牛市行情的顶部。我为什么会说"一轮小型牛市行情的顶部"呢？原因在于 1919 年是顶部，给 1919 年加上 5 年是 1924 年，它是一轮 5 年熊市的底部。参考规则 2 和规则 3，一轮牛市或熊市不会在一个方向上运行超过两年以上。

从 1919 年开始的熊市行情，下跌了两年，即 1920 年和 1921 年；因此，可以得到 1922 年的一年反弹；然后是两年下跌，即 1923 年和 1924 年。这样就完成了一轮 5 年熊市。然后，回顾 1913 年和 1914 年，可以发现 1923 年和

1924年，大概率是用于完成从1913年和1914年的底部开始的10年循环的熊市年。接下来要注意，1917年是这轮熊市的底部，加上7年得到1924年，也是一轮熊市的底部。

◎ 精华笔记

1. 在月线图表上复原这段顶底位置。

图1-1所示为道琼斯工业价格平均指数在1911年至1926年的月线图。由于"一战"原因1914年曾短暂关闭交易所，造成了一个向下的大缺口。

图1-1　道琼斯工业价格平均指数（1911—1926年，月线）

江恩分析这十多年的走势循环时，先是找到1917年的底部以及1919年的顶部。

在1917年之后第5年，即1922年出现了一个顶部。

在1919年之后第5年，即1924年出现了一个底部。

而1924年的10年前，即1914年出现了一个底部。

2. 在年线图表上复原这段顶底位置。

图1-2所示为道琼斯工业价格平均指数的年线图。将图1-1的月线

图中的顶点和底点，对应在年线图中进行标记。

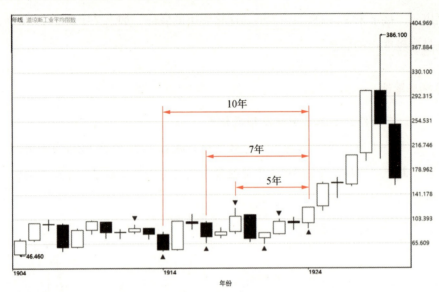

图1-2 道琼斯工业价格平均指数（1904—1930年，年线）

观察图 1-2 可以发现，江恩在作技术分析时，并没有从道琼斯工业价格平均指数最开始的 1896 年开始，而是选择了走势图中明显的底点或者顶点。

另外，在图 1-2 的年线图中，"5 年"涉及 6 根 K 线，"7 年"涉及 8 根 K 线，"10 年"涉及 11 根 K 线。

• • • • • • •

规则 9：如何编制年度预测。回顾已经过去的 10 年，未来的年度行情可能与过去的 10 年循环接近。例如，1932 年或许将类似 1902 年、1912 年或 1922 年运行。

此外，还有 30 年的大循环，它会运行 3 个 10 年。基于当下来回溯 10 年循环和 20 年循环，可能会对将来有很大的影响。但要完成 30 年循环，最好拥有过去 30 年的数据记录，从而编制预测。例如，我在制作 1922 年的年度预测时，会查阅 1892 年、1902 年和 1912 年的记录，还会留意月线运动的小型变化。但个人认为，与 1922 年走势最接近的可能会是 1912 年。不过，某些个股的走势可能会参照 1892 年和 1902 年的波动。

要记住，个股从它的基点、顶部或底部开始的运动，并不会与平均数值一样。因此，需要单独研判个股，还要准备个股的周线和月线图表。

规则 10：极限大循环。事物通常分主次、大小和正负。相应地，股市的 10 年循环通常又包含 3 轮重要的运动，比如两个 3 年一遇的顶部，以及下一个要花 4 年的顶部。又如，5 年循环，包含 2 年上升，1 年下降，然后是 2 年上升。这是两轮主要运动加一轮次要运动。市场最小的完整循环是 5 年，或者说完整的市场运行周期是 5 年。10 年也是一个完整的循环。10 的 5 倍是 50，可以说 50 年是最大的循环。在 50 年大循环的尾声，通常会出现极限最高价或者极限最低价。可以通过回溯历史记录来验证这一观点。

数字"7"是时间的基础。股市中每 7 年可能会出现一轮恐慌和萧条，这种萧条很极端，比 3 年下跌的幅度要大。注意 1907 年、1917 年等年份。7 乘以 7 等于 49，它可能会引起在第 49～50 年的极限波动。

要记住，必须从底部或顶部计算所有的循环，无论大循环还是小循环。通过回顾过去 30～50 年的历史走势，可以发现极限波动也可能出现在 30 年循环结束的时候。

规则 11：判断年线运动的交易规则，也可以用在月线上。换句话说，为了计算次要底部和回调点数，可以给某个底部加上 3 个月，然后再加 4 个月，一共加 7 个月。

然而在牛市中还要注意，一轮回调可能仅持续两周或三周，随后便会重新开始上涨。这种情况下，一轮牛市就可能在不跌破任何月线底部的情况下，持续上涨 12 个月。

通常一轮大型的向上摆动，回调不会超过两个月，第三个月又会继续向上。年度循环也遵循同样的规则，前两年下跌，第三年上涨。此规则同样适用于熊市，例如熊市的反弹不会超过两个月。多数反弹会在第 6 周或第 7 周结束。一周有 7 天，7 乘以 7 是 49 天，这也是致命的转折点。

要始终关注年度大趋势，记得当下是牛市还是熊市。在牛市中，当月线图显示趋势向上时，个股通常会先回调两周或三周，随后休整三周或四周，接着迈进新的价格区间，继续上涨 6～7 周。在研判趋势反转之前，始终要考虑大的时间框架是否已走完。同时，不要忘记从主要顶部或者主要底部开始计算的时间信号。

规则12：日线图。日线摆动通常也与年度循环或者月线循环类似。然而，它只能是大的循环期间的小型运动。日线的重要变化经常相隔7天或10天才出现。在日历上，趋势的变化通常发生在6—7日、9—10日、14—15日、19—20日、23—24日、29—31日。这些小型运动通常伴随个股的底部或顶部出现。注意个股从上一个顶部或底部开始，经过30天时，趋势可能改变。然后，关注经过60天、90天以及120天时，这些时间点也很重要。另外，180天或者6个月的时间点非常重要，有时会出现大型运动的转折。最后，从顶部或底部开始的第9个月或第11个月，也要注意，这时重要的小型运动经常会改变主要运动的趋势。

日线图给出了首次短期变化的信号，通常可能会持续7～10天。周线图会给出更重要的趋势变化信号。月线图则会给出最强的趋势变化信号。要记住，在趋势反转之前，周线上会持续3～7周；月线上会持续2～3个月或更长时间。具体情况根据所处的年度循环而定。

重点关注个股在逐年形成更高的底部，还是更低的底部。例如，如果个股连续5年都形成了更高的底部，随后下一年形成了更低的底部，这就是一个反转信号，可能标志着一轮行情会长期向下。这条规则同样适用于处于熊市的个股，已连续多年形成更低的顶部。

以上是我给出的所有指导规则。仔细阅读几遍。然后研究各种图表，并在实践以及市场历史表现中理解各条规则。这样就能取得进步，也会认识和领悟江恩股市预测法的价值。

1.4 股市预测指南

第一，时间是所有因素中最为重要的。任何大型上涨或下跌在启动之前，都会经历足够的时间。时间因素会使空间和成交量都失衡。时间到了，空间运动就会开始，巨大的成交量也会开始增加或减少——都是由时间来主导。

第二，单独分析个股的走势，依据距离其底部或顶部的时间来研判个股的趋势。不同的股票从底部或顶部开始，到底是走 5 年循环、10 年循环、20 年循环、30 年循环、50 年循环，甚至 60 年循环，是不一样的，与其他股票或者同板块的股票的运动，并不完全一致。

第三，月线的反转或者趋势的变化经常发生在 2～3 个月之后。基于分析时会考虑到时间因素，这种转变常常从第三个月开始。

第四，周线级别的时间规则。假如个股向下运行 2～3 周，有时 4 周，但原则上，与主要趋势方向相反的运动，通常只会运行三周。换句话说，在第三周常常发生逆转或趋势的改变。例如牛市中，下跌了两周，也可能三周，有时会在第三周的中间几天，趋势便掉头向上，那么第三周的收盘价会比前一周更高。还有些时候，趋势的改变可能到第四周才出现。之后价格上涨，第四周的收盘价比前一周更高。在熊市中要反过来使用本条规则。

第五，若快速上涨或快速下跌伴随着巨大的成交量，则会运行 7 周左右。这属于高潮性的上涨或下跌。要注意在第 49～52 天可能出现的底部或顶部，尽管有时在第 42～45 天就出现了底部或顶部，趋势开始改变。

要记住，任何一轮大型运动在结束时，无论月线、周线还是日线，都会花费一段时间进行吸筹或者派发。因此，必须考虑到这一点，仔细观察角度线和时间周期。例如，当市场下跌了 7 周之后，可能会出现两周或三周的横向运动，然后掉头向上。这与月线的变化通常出现在第三个月的规则保持一致。

◉ 精华笔记

利用 7 周时间可以提前预测趋势短期内可能出现变化。比如当个股在底部沉寂了足够长的时间，主力吸饱了筹码后，市场可能变得活跃，进入拉升阶段时，可以在周线图上进行跟踪。而市场的活跃通常体现为巨大成交量的快速上涨或下跌。

如图 1-3 所示为三星医疗（601567）的周线图。

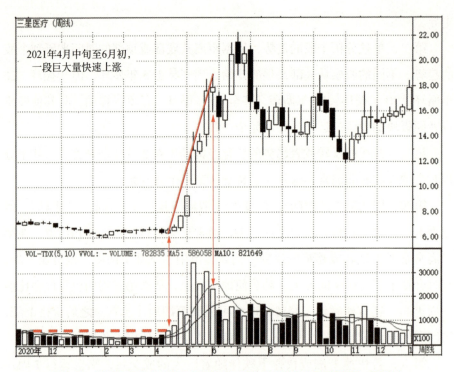

图1-3 持续7周左右的巨大量快速上涨（601567三星医疗，周线）

2021年4月16日这一周的最低价6.27元出现在2021年4月12日（周一），而6月4日这一周的最高价18.97元出现在2021年6月3日（周四）。7周左右的时间，约35个交易日，52个日历日，涨幅约达两倍。

虽然2021年4月16日这一周的涨幅仅3.77%，但是该周的成交量创下了最近20周以来的新高，并且该股已经在底部区间盘整了两年多的时间。

对于投资者而言，持续近两个月的巨大量快速上涨行情，是非常具有交易价值的。当观察到个股的上涨时间持续了7周左右时，投资者应考虑主动止盈落袋为安。

············

至于日线级别的时间规则，日线图会给出最初的变化。但要记住，日线的变化可能只会运行7～10天，然后便会跟随主要趋势。周线图将给出更加重要的趋势变化。也要记住，周线的变化可能运行不会超过3～4周，极端情况下也不会超过6～7周，然后便会逆转并跟随主要趋势。

在牛市的月线图中，市场可能逆转并向下运行 3～4 个月，然后再次逆转，并跟随主要趋势向上。在熊市的月线图中，市场也可能逆转并向上运行 3～4 个月，然后再次逆转，并跟随主要趋势向下。一般来说，熊市中的股票反弹的时间不会超过两个月以上，通常会在第三个月开始崩跌，并跟随主要趋势向下。

在主要趋势已经改变的信号出现之前，不要着急下结论。这类信号包括以顶部或底部为起点的角度线给出了提示，或者参考个股在循环中所处的位置等。遇到极限上涨或极限下跌的情况，若第一次逆向运动的幅度，超过了最后趋势段的 1/4 甚至一半以上时，就应考虑趋势可能暂时已经掉头。

观察空间运动也是很重要的。理由是当时间即将在某个方向上运行完毕，而空间运动表现出要回跌上一阶段运动空间的 1/4、1/3 或 1/2 以上时，这表明主要趋势已经变化，即趋势发生了反转。

1.5　如何以顶部或底部为起点运用角度线

从个股的底部绘制角度线，先在低点标记"0"，然后朝上方画线；从个股的顶部绘制角度线，先在顶点标记"T"，然后朝下方画线。记住，从底部或顶部绘制角度线时，首先应画 45° 角度线，然后在 45° 角度线的旁边画出 2×1 角度线。很多时候，并不需要画更多的角度线，除非有必要再画额外的角度线。必然地，遇到个股快速上涨的情况，就要画出 4×1 角度线和 8×1 角度线。类似地，个股快速下跌时，应朝下方画出 4×1 角度线和 8×1 角度线。在坐标纸上，可以用 1/8 英寸的刻度来表示 1 个点。

（继续以从底部开始为例）个股要想维持在 45° 角度线的上方，那么每个月必须要有 1 个点的赢利。例如，从底部开始每个月上涨 1 个点。如果个股想维持在 8×1 角度线的上方，那就需要从底部开始每月抬高 8 个点。若个股想维持在 4×1 角度线的上方，那就需要从底部开始每月抬高 4 个点。若个股想维持在 3×1 角度线的上方，那就需要从底部开始每月抬高 3 个点。若个股想维持在 3×2 角度线的上方，那就需要从底部开始每月抬高 1½ 个点，也就是说，一年要赢利 18 个点。在 45° 角度线的下方，以 6×1 角度线为例，个股一年仅需赢利两个点。若个股无法上涨到该角度线的上方，那就处于一种非常弱势的状态，当然也就处于正方形看跌一方。

4×1角度线说明一年赢利3个点，3×1角度线说明一年赢利4个点。下一条2×1角度线，说明一年赢利6个点，也就是说，每个月赢利1/2个点。

当个股在跌破45°角度线之后，又跌破了2×1角度线，说明处于非常弱势的状态，尤其已经从基点运行了很长一段距离，说明还会创新低。

在45°角度线下方还有3×2角度线，以每12个月8个点的速度上升，也就是说，每月赢利2/3个点。绘制角度线时，不需要以很久以前的某个点位为起点。可以通过计算来确定角度线会经过什么位置。

◎ 精华笔记

1. 江恩介绍的角度线是在坐标纸上，通常先手工绘制月线图，再绘制角度线。

2. 在炒股软件上画角度线，是在图表中找到合适的起点，然后向图表的右侧画线。若起点是顶点，通常朝右下方画角度线（顺时针）。若起点是底点，通常朝右上方画角度线（逆时针）。

炒股软件里使用画图工具，作出的角度线一般以起点开始，画定一片直角区域。通常中间的45°角度线是实线，两侧各有几根对称的角度线。

3. 可以参考以下步骤，在炒股软件中画角度线。

定起点：在走势图上找到某个顶点或底点作为角度线的起点。

以从某个底部画角度线为例。将图1-3这段上涨趋势的起点6.27元作为角度线的起点。

定方向：朝着起点的右上方画角度线。

定步长：起点的价格是6.27元。这是一只10元以下的个股，价格步长暂定为0.30元。

由于这里是在周线上画图，横坐标时间是以自然周为单位，算出**价格时间比**为每周0.30元（即价格步长除以时间周期）。按照此参数画出角度线，如图1-4所示。

45°角度线（即图1-4中的1∶1角度线）表示从起点出发，线上的点刚好满足**价格时间比**。例如，从起点往右数，第31根K线（T+31）的收盘价为15.53元。以45°角度线推算此处的价格，计算公式为：

$$6.27+0.30\times 31=15.57（元）$$

图1-4中的K线（T+31）的收盘价与45°角度线几乎重叠。利用45°角度线计算出的价格，确实与T+31的K线收盘价非常接近。

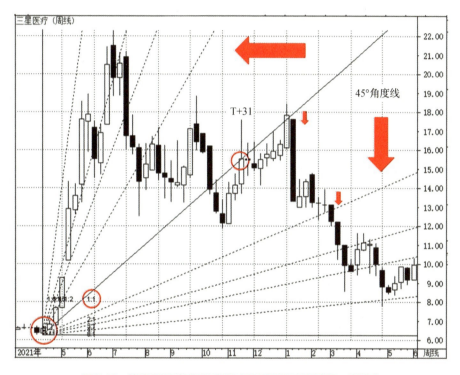

图1-4 从底部作出的角度线（601567三星医疗，周线）

从45°角度线往左看，当K线在45°角度线上方时，表示市场在单位时间内的上涨价格空间比0.30元多。

从45°角度线往下看，当K线在45°角度线下方时，表示市场在单位时间内的上涨价格空间比0.30元少。

如果市场跌破了45°角度线后，没有重新站稳45°角度线上方，那么市场可能继续向下，不断跌破其他角度线。

1.6 几何角度线的规则

从任何底部、基点或起始点开始,都可以绘制两条45°角度线:一条相对水平线上升,另一条相对水平线下降。可以从任意顶部开始,绘制45°角度线或其他任意角度线。一条从顶部开始向下画的45°角度线,可以代表每月、每周或每天下跌了1个点(具体依据使用何种时间周期图表而定)。而一条从顶部开始向上画的45°角度线,可以代表每月、每周或每天上涨了1个点(具体依据使用何种时间周期图表而定)。

记住,当任何个股在日线图、周线图或月线图上跌破45°角度线时,都处于一种非常弱势的状态,通常表明还会下跌到其他角度线。然而,如果个股能够收复45°角度线,那就处于一种强势的状态。这条规则也适用于从任意顶部向上画的45°角度线。当个股在日线图、周线图或月线图上,穿越了此角度线,并维持在45°角度线上方,那就处于一种非常强势的状态。

一旦个股跌破了任何一条重要的角度线,之后回到此角度线上方;或者突破了任何一条重要的角度线,之后又回到此角度线下方,都说明强弱状态的再次改变,趋势又回到最初的方向。

◎ 精华笔记

图1-4显示了个股在周线图表上,当价格以大阴线的方式远离了45°角度线后,个股处在了一种弱势的状态。在调整了5周后,又跌破了下一根角度线(2∶1角度线)。

· · · · · · · · ·

显然,在月线图和周线图上画的角度线,比在日线图上画的角度线更重要。这是因为日线图上的趋势变化可能会十分频繁。而在含有最高价与最低价的月线图和周线图上,通过角度线通常只会看到主要变化。

当个股跌破或突破任意重要的角度线时,通常还需要综合分析。例如,考虑个股与基点或起始点之间的距离。与基点距离越远,趋势改变的信号重要性越高,无论此时是突破了从顶部开始画的角度线,还是跌破了从底部开始画的角度线。

1.7　为什么几何角度线能对股价产生影响

为什么 90° 角度线是所有角度线中最强的？因为它直上或者直下。

90° 角度线之后，下一条最强的角度线是哪条？ 180° 角度线。因为它与 90° 角度线形成直角，换句话说，与 90° 角度线相距 90°。

180° 角度线之后，下一条最强的角度线是哪条？ 270° 角度线。因为它与 90° 角度线相反，换句话说，与 90° 角度线相距 180°，等于 360° 圆周的 1/2，这是最强的点。

270° 角度线之后，下一条最强的角度线是哪条？ 360° 角度线。因为结束了圆周，又回到了起点，并且与 360° 圆周的 1/2 即 180°（或称中途点）相反。

强度仅次于 90° 角度线、180° 角度线、270° 角度线和 360° 角度线是哪些？ 120° 角度线和 240° 角度线。因为它们的角度分别是 360° 圆周的 1/3 和 2/3。又因为 120° 是 90° 加上 30°，30° 又是 90° 的 1/3，240° 是 180° 加上 60°，60° 又是 180° 的 1/3，这使得两个角度强而有力，对于时间测量尤其有效。

强度再弱一点儿的角度线是哪些？ 45° 角度线，因为 45° 是 90° 的 1/2；135° 角度线，因为 135° 与 45° 相距 90°；225° 角度线，因为 225° 与 180° 相距 45°；315° 角度线，因为 315° 与 270° 相距 45°。此外，225° 角度线与 45° 角度线相距 180°，而 315° 角度线与 135° 角度相距 180°。

90° 角度线、180° 角度线、270° 角度线和 360° 角度线，组成一个重要的十字形，即常说的十字交叉。45° 角度线、135° 角度线、225° 角度线和 315° 角度线，组成另一个重要的十字形，即常说的对角交叉。在时间、空间和成交量的测量方面，这些角度线都是非常重要的。

为什么 22½° 角度线比 11¼° 角度线更强？因为 22½° 是 11¼° 的两倍，这跟 45° 角度线比 22½° 角度线更强的理由是一样的。同样，67½° 角度线是 45° 角度线的 1½ 倍，因此，当任何走势朝着 90° 向上运动时，是相当强势的。78¾° 角度线比 67½° 角度线更强，因为 78¾° 是 90° 的 7/8，这是到达 90° 之前最强的位置之一，在观察时间、空间和成交量时，要加以重视。许多股票会在第78—80周、第78—80月或第78—80天附近，出现重要的运动，如筑顶或筑底。

在测量时间和空间时，为什么圆周的1/8对应的角度线最重要？因为1美元被等分成两份、四份和八份。人们使用25美分的硬币，即1/4美元；使用50美分，即1/2美元；很多年前还有12½美分。尽管最重要的货币基础单位是1/4美元，但计算中会用到1/8美元或12½美分。股价的波动也是基于1/8、1/4、3/8、1/2、5/8、3/4、7/8和整数1。因此，任何空间测量与时间类似，在计算角度线对应的数值时，1/3位或2/3位对应的数值，没有1/8位及其倍数对应的数值更准确。假如将100美元作为股价计算的基础，将价格换算成度数，12½美元等同于45°，25美元等同于90°，37½美元等同于135°，50美元等同于180°，62½美元等同于225°，75美元等同于270°，82½美元等同于315°，100美元等同于360°。

例如，当个股在第180天、第180周或第180个月的价格是50美元时，就处在时间刻度对应的角度线上。

以美国钢铁为例，1915年2月1日，美国钢铁形成了低点38美元，非常靠近37½美元，即100美元的3/8，等同于135°。1915年2月25日，美国钢铁成立14年（即168个月），此时触及了135°角度线，这表明美国钢铁的价格（即空间）落后于时间。但其维持在135°角度线或37½美元上方的38美元，说明处于强势的状态。之后，当美国钢铁的价格穿越200美元时，等同于两个360°圆周。当上涨到261¾美元时，就非常靠近第三个100美元中的62½美元，换句话说，非常靠近225°角度线。这是美国钢铁穿越了中途点（即180°角度线）之后最强的角度线。美国钢铁在第三个100美元的中途点是250美元。262½美元（即5/8位，等同于225°）将是下一个强阻力点。

◉ 精华笔记

1. 要理解角度与圆的关系，先观察角度线。

图1-4中的角度线，形象地展示了"直上"的视觉效果，尽管这段

上涨趋势没有达到90°。下面接着来看"直下"的效果，以图1-4中的顶点（22.29元），朝右下方画角度线，如图1-5所示。

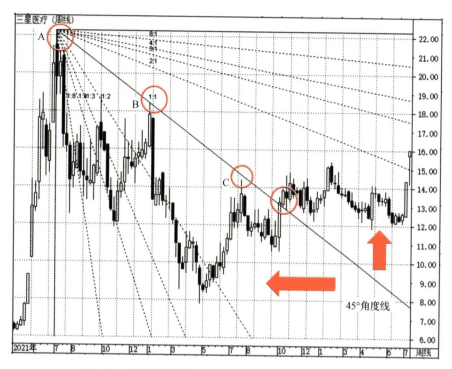

图1-5　从顶部画的角度线（601567三星医疗，周线）

投资者根据个人实战经验，可以灵活选用不同的定步长方法。图1-5确定步长的方法，与图1-4略有不同。

图1-5先选取了下跌过程中的反弹高点B（18.47元），连接顶点A与反弹高点B作出下降趋势线，将此下降趋势线看作45°角度线（即图1-5中的1∶1）。

从45°角度线往左看，当K线在45°角度线下方时，表示市场在单位时间内的下跌强度更大。

从45°角度线往上看，当K线突破了45°角度线后，市场止跌企稳，开始作横盘整理。

注意，图1-5中的反弹高点C与45°角度线很接近，但并没有触及45°角度线。回调10周后，市场再次发力，向上突破45°角度线，并在随后两周得到回踩确认。

2. 使用周期循环，继续分析图1-5。

如图1-6所示，使用画线工具"周期线"，第一个点选择图1-5左上角的顶点A，第二个点选择图1-5中确定45°角度线的反弹高点B。

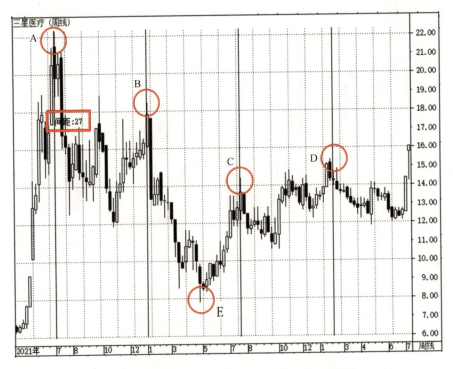

图1-6　周期循环分析（601567三星医疗，周线）

图1-6中显示"间距：27"，这是以"算头不算尾"的方式，计算出了两个点之间的时间距离，即K线的根数。由于一年有52周，52除以2得26。因此，该股的一个反弹周期大约为半年时间。

图1-6中的C点，刚好与B点的间距也是27。相当于在周线图上，市场的第二轮下跌反弹所花费的时间，与第一轮从A点下跌反弹到B点花费的时间接近。

图1-6中，该股在下一次循环到27位置附近的D点时，创出了阶段性高点。

3. 结合角度线与周期循环，使用"轮中轮"工具来预测价格和时间的生长。

以图1-6中的低点E(2022年4月29日,这一周的最低价36.80元)作为起点。在炒股软件中(例如通达信、××证券等),选择"功能"—"江恩分析系统"菜单,打开软件自带的江恩分析系统。第一个选项设定为"轮中轮"。第二个选项参考从底部画角度线的方向,设定为"价格逆时针"。

考虑到图1-6是周线图,假定起始时间为"2022年4月29日",时间步长为"7"(一周有7天);起始价格为"36.80",价格单位为"1.00",生成的"轮中轮"图如图1-7所示。

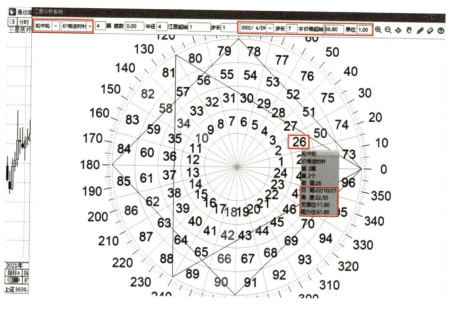

图1-7　在江恩分析系统中试算"轮中轮"

在图1-7中,滑动鼠标指向数字"26",弹出的提示框显示了对应的预测数据"日期:22/10/21"、"角度:22.50"和"阻力位:61.80"。

在周线图里验证轮中轮的试算结果,这里使用了后复权数据,如图1-8所示。

滑动鼠标指向2022年10月21日这一周对应的K线,历史行情数据提示框里显示这一周的最高价为61.25元,与轮中轮的试算结果61.80元接近。

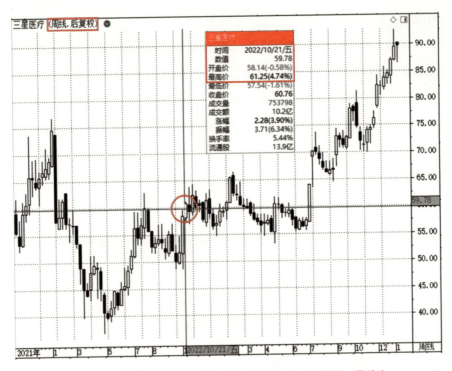

图1-8　在K线图中验证试算结果（601567三星医疗，周线）

回到图1-7所示的"轮中轮"试算界面，滑动鼠标分别指向数字"27"和"28"上，记录试算结果。然后在图1-8所示的周线图中，滑动鼠标分别指向2022年10月21日对应的K线后面的两根K线上，记录历史行情数据提示框里的数据，见表1-1。

表1-1　"轮中轮"试算结果对照表

"轮中轮"数字	周K线（周五的日期）	试算阻力位（元）	实际最高价（元）
26	2022年10月21日	61.80	61.25
27	2022年10月28日	62.80	63.80
28	2022年11月4日	63.80	64.51

表1-1的结果说明，"轮中轮"的试算结果是依据设定好的参数，计算出的等差数列。而实际的走势并没有跟计算结果分毫不差，有时会低于试算结果，有时会高于试算结果。这符合江恩提出的"空转"的概念，参见第3.11节。

4. 借用图 1-6 的周期循环分析结果，测算趋势的转折。

使用画图工具"周期线"，将周期计算的第一点设置为 E 点，调整第二个点的位置使得自动计算的结果刚好显示为"间距：27"，如图 1-9 所示。

图1-9　周期循环的应用（601567三星医疗，周线）

图 1-9 的 E 点上画有第一根周期竖线，对应了"轮中轮"数字 1。下一根周期竖线的前一根 K 线是"轮中轮"数字 28，这是阶段性最高点（2022 年 11 月 4 日，这一周的最高价 64.51 元）。再下一根周期竖线，出现了下跌期间的反弹高点。

5. 总的来说，炒股软件的江恩分析系统，其内核是个计算器工具。它基于投资者输入的参数自动进行计算，每一个数字对应一个计算结果。不建议把每个结果都拿来指导交易。江恩的测市工具不是"圣杯"，千万不能迷信。

还需要说明的是，在江恩所处的时代，股票交易的价格单位对 1 美元进行了等分、等分、再等分，这造成了 1/2 美元、1/4 美元、1/8 美元以及相应的奇数倍在江恩原著中大量出现。虽然这与当代交易市场的最小价格单位不同，但江恩对时间、空间的划分逻辑以及市场预测方法，现在依然具有参考价值。

1.8 如何使用几何角度线

江恩股市预测法完全是基于数学点或几何角度线的。阻力位都是几何角度线，例如阻力位 1/8 位、1/4 位、1/2 位、3/4 位、1/3 位、2/3 位等，这些都是圆周的一定比例，因此，代表几何角度线。

有三个需要考虑的重要因素：价格、时间和空间运动。例如，当价格到达 45 美元时，可能会遇到阻力，因为 45 美元等同于 45° 角度线。随后，若价格突破 45° 角度线，无论价格是处于 45 美元、67 美元、90 美元、135 美元、180 美元，或是其他的位置，都会使股票变得弱势，并且可以将该角度线视为一条阻力角度线。如果价格距离底部很远，则会更加重要。当个股跌破 45° 角度线或其他任意角度线时，价格与底部的距离是最重要的。

假如个股在上涨的早期阶段，多次停留在 45° 角度线附近，随后的回调再次停留在 45° 角度线附近，然后上涨很长一段时间，又一次回调并停在 45° 角度线附近，接着上涨到新的价格水平，第四次跌破 45° 角度线。由于此时的价格距离基点已经很远，并且距离低价水平已有很长时间，造成了个股此时处于极端弱势的状态。

在熊市或市场下跌时，要把这条规则反过来运用。还要注意在月线图或周线图上的角度线被跌破的情况是最重要的。在日线图上，是可以跌破角度线再回到角度线上的，此外，长时间维持在 45° 角度线附近，也是可能的。例外的情况是，市场处于大型牛市行情结束的最后大冲刺阶段。

考虑完阻力位、时间和几何角度线这三个重要的因素后，第四个因素也是下一个非常重要的因素是顶部或底部的成交量。顶部附近，通常成交量增加；底部附近，通常成交量减少。也就是说，当一轮熊市已经运行了很长一段时间，且已经大致完成了派发，成交量就会减少，这是市场为趋势变化在作准备的一个信号。

◎ **精华笔记**

回到图 1-7 所示的"轮中轮"工具界面。从最右侧的数字"0"开始逆时针观察，最外面一圈的数字代表了角度，每 10° 显示一个刻度，圆的一周有 360°。

应用"轮中轮"工具，除了前面介绍的设置起点和步长，试算"轮中轮"数字对应的时间和价格。江恩还提出了度数的数值本身，也可能是重要的价格位置或者时间位置，例如文中提到的"45""135"等。

1.9 快速上涨和快速下跌

在月线图和周线图上，为什么急速上涨之后的个股，并会在跌破 $67\frac{1}{2}°$ 角度线或 45° 角度线附近，快速反转并陡直下跌？

原因是巨大的成交量会迫使价格不断向前运动，直到进入非常高的位置，最后真正跌破 45° 角度线。在绘制了时间、空间和成交量的组合图表后，就可以发现在成交量图表上，能显示角度线被跌破，而仅以 1 个刻度代表一个月或一周的图表上，可能不会显示出角度线被跌破。

如果绘制出一张美国钢铁自 1929 年 3 月 31 日至今的周成交量图表，就会发现该股在 1929 年 9 月的高点之后，出现了陡直的崩跌，这是因为在周线图表和月线图表上的价格角度线被跌破之前成交量就已经跌破了角度线。

◎ **精华笔记**

1. 急速上涨时的角度线，度数是很大的；急速下跌时的角度线，度数也很大。

观察图1-4中的上涨趋势,有一段K线明显位于两根很陡的角度线之间。如图1-10所示,分别将1∶8和1∶4角度线用箭头线标记出来。

需要说明的是,图1-10所示的炒股软件中的1∶8角度线与江恩原稿中以底部为起点画出的45°角度线上方的角度线中江恩标记的8×1角度线的含义是一样的。解读江恩原稿的时候,我们既要考虑交易工具的时代变迁,又靠考虑内在原理的一致性。

同理,图1-10中的1∶4角度线对应了江恩原稿中的4×1角度线。

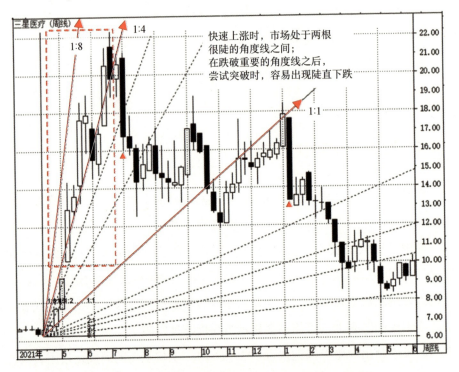

图1-10 快速上涨与角度线(601567三星医疗,周线)

而江恩原稿中的2×1角度线,在不同的情况下,有时会对应软件中的2∶1角度线,有时会对应软件中的1∶2角度线。

2. 市场在陡直上涨之后,容易出现陡直崩跌。图1-4的这段上涨趋势随后的下跌也确实符合江恩的理论。

图1-10中的第一个三角形对应的大阴线,刚好是市场准备突破

1∶4角度线时，出现的陡直下跌。

图1-10中的第二个三角形对应的大阴线，刚好是市场准备突破1∶1角度线时，出现的陡直下跌。

陡直下跌时，也可以从顶点画角度线，如图1-11所示。

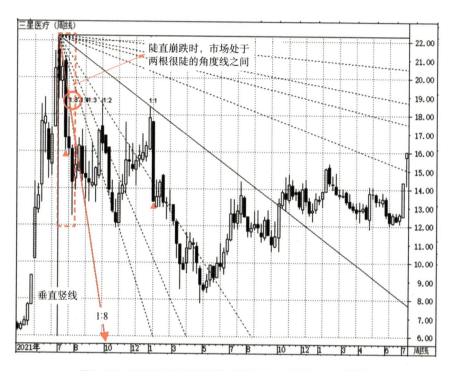

图1-11　陡直下跌与角度线（601567三星医疗，周线）

第一个三角形对应的陡直下跌大阴线，位于垂直竖线与1∶8角度线之间。

第二个三角形对应的大阴线，是在前一根K线触及1∶1角度线后，出现的陡直下跌。

图1-11中的两个三角形对应的K线，与图1-10中两个三角形对应的K线，位置是一样的。而图1-11还显示了图1-10随后的行情走势。

• • • • • • • •

一轮长期的下跌之后，为什么股价要在低价区域停留很长时间？换句话说，想要恢复上涨趋势，为什么需要很长的时间？

原因在于底部附近的成交量经常会严重萎缩，这导致需要很长时间才能完成距离的正方形。例如，有一只股票在2～3个月的时间内下降了100点以上。用100点来粗略计算，则需要100个月的时间才能在低价区域完成距离的正方形。在最高价与最低价的周线图、月线图和日线图中，个股都有各自的正方形。当个股在突破45°角度线时，价格越低越强势。当个股在跌破45°角度线时，与基点或起始点的距离越远越弱势，实际上跌破任何角度线，都是距离越远越弱。

在最高价与最低价的月线图、周线图和日线图中，为什么个股会出现突破45°角度线后，接着短暂上涨便会下跌，然后停留在45°角度线附近？

这是因为当个股首次突破45°角度线时，实际上已经走完或超越了距离的正方形。所以次级回调时，若停留在45°角度线附近一段时间，表明走完距离的正方形的时机可能到了，随后可能出现一轮更大幅度的上涨。在牛市的顶部附近要反过来使用本条规则。当个股从顶部开始出现一轮陡直且快速的下跌，随后上涨并形成一个略高的顶部，或者一系列略低的顶部，接着不断重复以上动作，直到在一个相对较高的价格位置附近，完成距离的正方形并跌破45°角度线，后面可能会出现一轮快速的下跌。

当个股形成更高的底部和更低的顶部时，应遵循什么规则？

在月线图、周线图和日线图中，随着个股上涨并形成更高的底部，通常需要以更高的底部为起点画新的角度线。这样做的话，当市场到达牛市的最后阶段时，可以通过跌破重要的角度线，研判可能趋势已经掉头向下。这条规则在下跌的市场同样适用。每次出现更低的顶部，都画新的角度线。仔细观察角度线，直到市场从第二个、第三个或者第四个更低的顶部突破45°角度线。在画角度线和测算时间时，第二个更低的顶部或者第二个更高的底部通常都非常重要。

当个股处于非常弱势或非常强势的状态时，可以通过与角度线的相对位置和成交量图表观察到。尤其综合成交量与价格空间，以及个股发行总量等因素分析，可以发现个股当下处于强势或弱势状态，买方主导或卖方主导，市场的供给是否在增加，市场的需求是否在减少，等等。

1.10 心存疑虑时应运用什么规则

对个股的强弱状态心存疑虑，拿不准趋势方向时，当然不应交易它。等待《江恩选股方略》提到的信号出现，例如当个股长时间停留在某个位置附近，或作横向运动后，跌破或突破阻力位，突破或跌破某条重要的角度线等。当重要的趋势变化发生时，成交量都会表明这一点。

当个股从低价区域或者沉闷状态开始上涨时，成交量通常会增加；类似地，当个股从高价区域或者沉闷状态开始下跌时，成交量通常也会增加。当个股的行情已经启动，并且处于强势的状态时，角度线会表现出从底部开始，价格持续位于强势角度线的上方。这条规则在下跌时同样适用。当个股处于非常弱势的状态，并且快速运动时，角度线会表现出价格持续位于强势角度线的下方。在最高价与最低价的日线图、周线图和月线图中，重要的角度线不能在极低的价格区域被跌破，除非经历了很长时间。类似地，如果没有经历足够的时间，重要的角度线不能在极高的价格区域被突破。因此，角度线是非常重要的。当重要的角度线被突破时，说明时间维度已经走完，趋势可能发生改变，无论个人是否认识到。

1.11 12主控图

"12主控图"指的是"12"的平方，即 12×12。第一个正方形结束于144，第二个"12"的正方形结束于288，第三个"12"的正方形结束于432，第四个"12"的正方形结束于576。此正方形通常包含了绝大部分的信息，但也可以根据个人需要，绘制更多的正方形。

此图表能运用在很多地方，如时间、空间、成交量、上涨或下跌的点数等，也能用于日线、周线、月线和年线等。

在第一个正方形中，除了标记数字1～144，还绘制了更详细的角度线，以显示每个小型正方形的中心或最强的阻力位。对于次要顶部和底部来说，最强的小型中心是：14、17、20、23、50、53、56、59、86、89、92、95、

122、125、128、131。

大型中心是容易遇到最强阻力的位置。对应的数字有66、67、78和79。市场在上涨或下跌到这些价位附近时，可能遇到顽强的阻力。下一条强有力的角度线是45°角度线。对应最强阻力的数字有14、27、40、53、66、79、92、105、118、131和144。另一条45°角度线，从12开始的对角线，同样是强有力的。对应的数字有12、23、34、45、56、67、78、89、100、111、122和133。

斜穿每个1/4大的正方形中心，45°角度线经过的数字是第二强的。对应的数字有7、20、33、46、59、72、61、50、39、28、17和6。在正方形的另一侧，穿过中途点之后的数字有73、86、99、112、125、138、139、128、117、106、95和84。

正方形上方和下方的数字也是重要的价格，可能会形成顶部或底部，因为将对应的数字相加，再除以2，等于中途点。例如，第一个正方形下方的数字有1、13、25、37、49、61、73、85、97、109、121、133。上方的数字有12、24、36、48、60、72、84、96、108、120、132和144。

由东向西横穿正方形的中心，将正方形等分的角度线，是一条非常强有力的角度线，因为它等于1/2。任何正在上涨或下跌的股票在来到这些价格附近时，可能会遇到阻力，并形成顶部或底部。对应的数字有6、7、18、19、30、31、42、43、54、55、66、67、78、79、90、91、102、103、114、115、126、127、138、139。

要记住，任何运动从起始点开始运行三个阶段后，会完成它本身的空间正方形，这里是第一个强阻力位。当运行了六个阶段后，会到达相反的位置，或者它本身的空间的中途点，这是一个更强的阻力位。当运行了九个阶段后，会到达另一个正方形的3/4位。第八阶段和第九阶段的阻力是最强的，很难通过，也被称为"死亡"区域。下一个强势位置是在第十二阶段，或者说第12行，以数字144结束。任何运动在进入到此阶段时，都会遭遇最强的阻力。一旦突破第一个正方形并超过3个点，就视为进入第二个正方形。例如到达147点，表明还会创新高，当市场到达如此高价区域时，不应回撤3

个点，更不必说跌至141点，回到第一个正方形。

当个股进入第二个正方形后，运动会变快。例如，从任意底部或顶部开始，经历的时间或月数进入第二个正方形时，标志着该股将出现更快的运动，无论方向是向上还是向下。

将本条规则用于第三个正方形、第四个正方形、第五个正方形或第六个正方形。若是根据时间来分段，可以发现月线的测算结果，即大部分的大牛市和大熊市都会在第三个正方形或第四个正方形内到达顶点。其他关于空间运动、角度线和时间维度的所有规则，都可以与12主控图综合使用。

◎ 精华笔记

如何在炒股软件中找到12主控图？

在炒股软件中（例如通达信、××证券等），选择"功能"—"江恩分析系统"菜单，打开软件自带的江恩分析系统。如图1-12所示，第一个选项设定为"偶数表"。在第三个输入框中填入"6"，表示从中心点开始有6圈正方形。

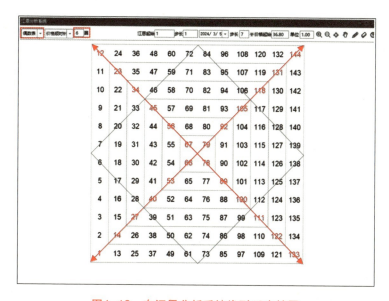

图1-12　在江恩分析系统找到12主控图

1.12 九方图

上一节已经介绍了 12 主控图，它可以用于日线、周线、月线和年线的测算。12 主控图或圆的内切正方形都可以测算时间。

九方图也非常重要，因为数字 9 被用在所有测算中。计数时，如果不能超过 9，就不能回到 0 开始重复。把 360° 圆周除以 9，就得到 40°。它可以表示 40 个月、40 天或 40 周，还表明了底部或顶部经常会出现在以圆的 1/9 为单位的角度线附近。

◎ 精华笔记

如何在炒股软件中找到九方图？

在炒股软件中（例如通达信、××证券等），选择"功能"—"江恩分析系统"菜单，打开软件自带的江恩分析系统。如图 1-13 所示，第一个选项设定为"数字表"。在第三个输入框填入"4"，表示从中心点"41"开始，向外有 4 圈正方形。

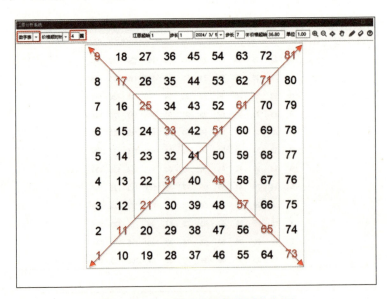

图1-13　在江恩分析系统找到九方图

把 20 年（即 240 个月）除以 9，就得到 26⅔，它等同于重要的 26⅔° 角度线，或者 26⅔ 个月、26⅔ 天或 26⅔ 周。9×9 等于 81，即第一个九方图。注意九方图中的角度线，以及它们如何从中心点开始向外延伸。第二个九方图结束的数字是 162。要注意它是如何与中心点相对的。第三个九方图结束的数字是 243，如果等同于 243 个月，即比 20 年多 3 个月。这解释了为何在 20 年循环内，趋势发生变化之前，经常会先流逝很多时间，有时会顺延 3 个月或是更长时间。第四个九方图结束的数字是 324。注意 45° 角度线经过了数字 325，表明循环中的趋势在此处可能发生变化。但是，要完成 360° 圆周，除了 4 个九方图，还要计数 36。注意，361 等于一个 19×19 的正方形，这表明九方图在计算重要的角度线和探明差异方面具有很高的价值。

从中心的数字"1"开始，注意数字 7、21、43、73、111、157、211、273 和 343，全都落在一条 45° 角度线上。在另一个方向上，注意数字 3、13、31、57、91、133、183、241 和 307，也都落在一条 45° 角度线上。要记住，从中心开始沿着一条 45° 角度线、180° 角度线或 90° 角度线运动，通常有四种路径。若在平面上测量，这些角度线大致相同。注意，数字 8、23、46、77、116、163、218、281 和 352，全都在从主要中心开始的同一条角度线上；同时还要注意，数字 4、15、34、61、96、139、190、249 和 316，也都在从主要中心开始的另一条角度线上。所有这些数字都是巨大的阻力位，可以测量重要的时间因素和角度。

◉ 精华笔记

如何在炒股软件中找到 19×19 的正方形？

在炒股软件中（例如通达信、××证券等），选择"功能"—"江恩分析系统"菜单，打开软件自带的江恩分析系统。如图 1-14 所示，第一个选项设定为"四方形"。在第三个输入框填入"9"，表示从中心点的"1"开始，向外有 9 圈正方形。

注意，图 1-14 中的数字排列顺序与图 1-13 中是不同的。在图 1-13 中，数字"1"位于左下角。而在图 1-14 中，数字"1"位于中心点。

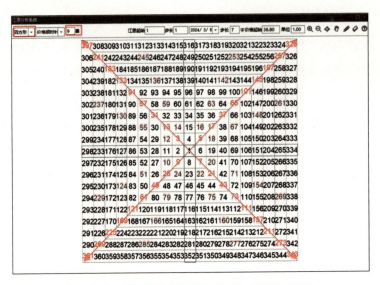

图1-14 在江恩分析系统找到19×19的正方形

要结合12主控图和360°圆周图,仔细研究九方图。

九方图、12主控图和几何角度线全部都是由数学点组成的,它们并不互相矛盾,而是一致的,只不过探明的是不同的数学点。

第 2 章
形态解读和研判股票趋势的交易规则

02

◎ 导读笔记

1. 从人的角度来看，做好交易需要五大条件：知识、耐心、勇气、研究和形态解读。

2. 做交易的客观条件有本金、图表以及趋势指示器等工具。

3. 江恩认为市场同时存在主要趋势和小型趋势。研判趋势的方向是做交易的前提。明确趋势的方向后，再依据交易规则寻找买进点或卖出点。书中提出的交易规则，需要交易者多做复盘练习。

4. 一轮牛市通常包含四个阶段，一轮熊市也有四个阶段。小型牛市或小型熊市可能仅包含两个阶段。

2.1 投机或投资成功的必备条件

1. 知识

在投机或其他任何事情中，获得成功最重要的因素之一是知识。身材匀称或是了解自己事业的人都属于成功人士。努力在获取知识的方面付出，定会带来投机或事业上的成功，把这一点当作一条规则记下来。

2. 耐心

拥有知识之后，如果还没有了解耐心的价值，那就还需要学会保持耐心。在买进或者卖出之前，必须掌握等待趋势变化的明确指示的方法。你不能依据希望或恐惧进行猜测或是赌博。必须拥有能在正确的时机行动而且快速行动的能力，还应在获得了知识并且知道行动时机到来之后，再行动。

3. 勇气

必须要有勇气去行动。在已经获得知识之后才会拥有勇气和胆量，因为对已经被证明过的交易规则有了信心，对自己的能力也有信心。因此，在真正的机会来临时，获得的知识将赋予你采取行动的勇气。

4. 研究

一个人不愿意努力工作和研究，并提前为成功付出，永远也不会取得成功。如果愿意花时间去研究，并且仔细回顾道琼斯工业价格平均指数从1892年以来的记录，那么就会相信，交易规则是有用的，而且通过跟随市场的主要趋势来赚钱也是可行的。

5. 形态解读

任何人学到的知识中，85%都是通过自己亲眼所见来获取的。常言道："片图抵千言。"这就是为什么形态解读，或者说在不同时间周期的图表上，解读不同的形态会有价值。未来不过是过去的重演。在不同的时期，顶部、底部或中间位出现了同样的形态，会表明市场的趋势。因此，当再一次，甚至第三次看到相同的图像或形态时，便知道这意味着什么，同时也就能够研判趋势。

大可不必接受我的这一观点：我给出的交易规则，过去是有用的，将来也一样。但是，有必要亲自用历史数据来验证这些规则的有效性，从而让自己对于遵循交易规则并赚到钱产生信仰。

2.2 需要多少本金

无论在股市上运用哪种技术分析方法，首先要考虑的都是需要多少本金。凭借这笔本金，可以在5年、10年甚至15年的交易时间里，绝对不损失本金，甚至还能够赢利。每一位想要成功的交易者都应遵循的方法，就是不损失本金还能赢利的方法。

一般情况下，我认为比较可取的是，每交易股票100股至少要使用3000美元的本金，并且将止损单限制在每100股至多3个点。这样就可以用本金做10次交易，而市场必须连续打败你10次，才能把本金全部扫光。然而，市场不可能做到这一点。无论你使用多少本金进行交易，都应遵循这条交易规则：将本金分成10等份，在任何一笔交易中，都不要拿超过本金的1/10去冒险。如果连续亏损3次，就要缩小自己的交易单位，并且只拿剩余本金的

1/10 去冒险。如果遵循了这条交易规则，成功是必然的。

当股价在每股 15～30 美元时，本金可以从 1500 美元开始。第一笔交易最好是从止损不超过 2 个点开始，甚至尽量从仅冒 1 个点的风险开始做交易。换句话说，使用 1500 美元的本金，在交易之前，就应计算出至少可以做 7～10 次交易。只有在市场连续打败你 7～10 次的情况下，才会扫光本金。然而，只要遵循前述交易规则，并且依据明确的指示做交易，就不会出现本金被扫光的情况。

交易高价股时，这种方法可以赚到最多的钱；而交易股价在 100 美元以上的股票时，应使用 4000 美元本金，并且严格遵守所有的交易规则。

如果打算交易更小单位数量的股票，可以每 10 股使用本金 300 美元，并且最初的交易不能冒险超过 3 个点。如果可能的话，尽量不要把止损单设置为超过 1～2 个点。在任何一次交易中，永远不要拿本金的 1/10 去冒险。

2.3 运用何种图表

大忙人或者专业人士应备有一张使用道琼斯 30 种工业股价格平均指数和 15 种公用事业股价格平均指数的最高价与最低价制作的周线图表，并且备有 5～10 只不同板块中活跃领涨（跌）股的最高价与最低价的周线图表。还应绘制几只价格在 20 美元或 10 美元以下的股票的最高价与最低价的月线图表，并在这些不同的低价股显示出趋势变化时，仔细观察它们。**当它们穿越老顶并显示出活跃性时，表明是买进的好时机。**

2.4 主要趋势和小型趋势

通过跟随市场的主要趋势总是可以赚取最多的钱。尽管都说永远不要逆势交易，但这意味着可能错过很多获取大笔赢利的中型运动，不过还是可以遵循以下的规则交易：做逆势交易时，要等待某一条交易规则在底部发出买进点或者顶部发出卖出点的明确指示，可以设置距离更近的止损单。

市场上总是存在两种趋势，即主要趋势和小型趋势。小型趋势与主要趋势的方向相反，这种趋势持续的时间更短。当主要趋势向下时，与其在反弹中买进做多，不如在交易规则指示的反弹顶点位置做空，这要更安全些。在一轮牛市行情或上涨的市场中，与其在下跌回调时卖空，不如等待次级反应运动结束，在交易规则指示的买点买入，这也更安全些。在买入和卖出之前，等待趋势给出明确的指示，才能赚到最多的钱。

2.5 趋势线的指示

2.5.1 绿色趋势线

绿色趋势线表示上升趋势，不管是小型趋势还是主要趋势。

我们把绿色趋势线用于某个正在上涨的市场，或者说当个股或指数正在周线级别形成更高的顶部和更高的底部时。形成比前一周更高的底部和更高的顶部的第一周，绿色趋势线要上移到这一周的顶点。然后，只要个股或指数形成更高的底部和更高的顶部，绿色趋势线就要继续上移到顶点。

2.5.2 红色趋势线

当个股或指数形成比前一周更低的顶部时的第一周，将趋势线变为红色，并且把趋势线下移到这一周的底点，同时只要个股或指数形成更低的底部，趋势线就要继续下移。红色趋势线意味着小型趋势或主要趋势已经掉头向下，应当跟随红色趋势线，直到它反转。形成更高的底部和更高的顶部的第一周，趋势线再次变为绿色。

在红色趋势线变为绿色时买进

在绿色趋势线变为红色时卖出

为了作研究，我使用了道琼斯20种铁路股价格平均指数1897—1914年7月的最高价与最低价的周线图表，因为铁路股是那一时期的领涨（跌）股，而且它们比工业股运动得更快，形成了更大的区间，因此是更好的趋势指示器，进行交易也更加有利可图。

◉ 精华笔记

1. 文中对表示上升的趋势线使用了绿色，表示下降的趋势线使用了红色。这里将其简称为江恩趋势线。在原理上，它们与常见的均线并不一样。

江恩在选用趋势指示器时，没有考虑两个价格平均指数的相互确认。他主要是从有利可图的角度选择某一时期内运动更快的指数来作参考。

2. 复原江恩使用的周线图表。

道琼斯铁路股价格平均指数的基准日期为1896年10月26日。交易所曾于1914年7月之后，因"一战"原因短暂关闭。下面选取1897年1月至1914年7月的数据进行手工作图，图2-1所示为道琼斯20种铁路股价格平均指数1897年1月—1914年7月的最高价与最低价的月线图表。

图2-1 道琼斯20种铁路股价格平均指数（1897—1914年，月线）

3. 复原与分析江恩的红绿趋势线。

为了清楚观察江恩趋势线，截取图2-1中1904—1908年期间的月线图，如图2-2所示。

按照文中介绍的趋势线标记方式，在图2-2中手工绘制趋势线。这里把江恩文中提到的绿色趋势线改为红色，红色趋势线改为深灰色。

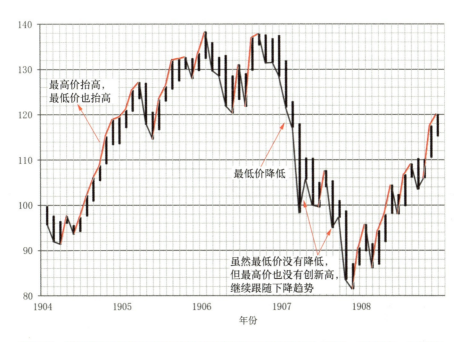

图2-2　道琼斯20种铁路股价格平均指数的江恩趋势线（1904—1908年，月线）

图2-2中的红色趋势线仅包含一种情况，即最高价比前一周的最高价更高，并且最低价也比前一周的最低价更高。

图2-2中的灰色趋势线包含下面两种情况。

情况一，最低价比前一周的最低价更低时，连接当前的最低价与前一周的最高价（或者最低价）。

情况二，最低价不比前一周的最低价更低，但是最高价也不比前一周的最高价更高，连接当前的最低价与前一周的最低价。

4. 在理解了图2-2中手工绘制江恩趋势线的画线逻辑的基础上，如何在炒股软件里画出江恩趋势线？

简单的自编公式就可以实现近似的效果。综合考虑文中提到的图表和趋势两个知识点,以及红绿涨跌含义的差异,自编公式也将红色设定为上涨,深灰色设定为下跌。

如图2-3所示为自编公式"江恩趋势线"的显示效果,图表的时间周期设定为周线。

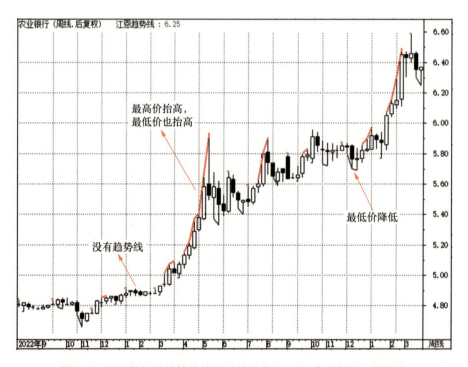

图2-3 近似的江恩趋势线的显示效果(601288农业银行,周线)

上涨的算法逻辑是:如果当前的最高价比前一周的最高价更高,并且当前的最低价也比前一周的最低价更高,那么将最高价进行连线。

下跌的算法逻辑是:如果当前一周的最低价比前一周的最低价更低,那么将最低价进行连线。

5. 分析近似的江恩趋势线。

下面来分析图2-3的显示效果。由于在判定逻辑中,最低价的条件是互斥的,导致在图2-3所示的实际交易品种的图表中,存在以下三种情形。

第一,连接最高价的上涨趋势线。

第二,连接最低价的下跌趋势线。

第三,没有显示趋势线。这种情况与图 2-2 中的画线略有不同。感兴趣的读者可以深入研究,此处不再赘述。

使用近似的江恩趋势线除了可以在个股的周线图上画线,也可以在指数的周线图上画线,如图 2-4 所示。

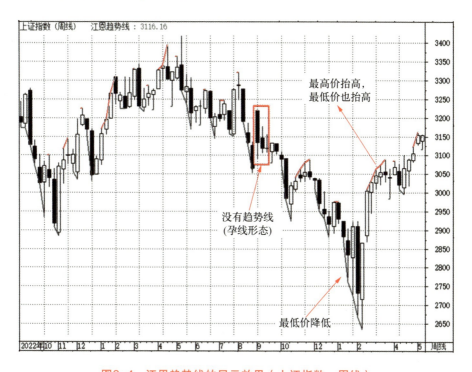

图2-4 江恩趋势线的显示效果(上证指数,周线)

当 K 线的最高价和最低价都没有显示趋势线时,此时的 K 线与前一根 K 线可能会形成孕线形态。图 2-4 中框出的三根 K 线,后两根 K 线都没有显示趋势线。第二根 K 线与前一根大阴线形成了孕线,第三根十字星线与第二根 K 线也形成了孕线。

- - - - - - - - -

2.5.3 三个买进点

应当跟随趋势线,并结合下面的交易规则运用买进点。

1. 老底或老顶买进

当个股下跌到某个老底或老顶时，这个老底或老顶常常是一个买进点，同时还要设置止损单。事实上，只有确定能将止损单设置在距离买进点 1～3 个点的位置，否则绝不应买进；在高价股上，止损单与买进点的距离一定不要超过 5 个点。

记住，当个股首次、再一次或者第三次回调到老底或老顶时，买进都是安全的；但当它第四次下跌到同一价位水平时，买进很危险，因为在这种情况下几乎总会继续走低。

当个股下跌到老底或老顶下方 1～3 个点时买进。然而，如果个股恰好维持在老底或老顶附近，并没有跌破老底或老顶 1～3 个点，那么该股常常是最强势的。(如果该股) 维持在略高于这些老底或老顶的价位上，则是更加强势的指示。

股价高于每股 100 美元时，穿越老顶之后，可能会回调至老顶下方 5 个点，但不会回调更多。若市场很强劲，那就不应回调到老顶下方 5 个点。还有一种罕见的情况是，市场在做大幅区间振荡并且非常活跃时，可能回调 5 个点。

2. 更安全的买进点

当个股突破了之前的多个顶部，或者突破了前几周的一系列顶部，表明这轮小型趋势或主要趋势已经掉头向上时买进，正如趋势线指示的那样。

3. 最安全的买进点

在个股突破了前几周的顶部，并且上涨幅度超过自顶部下跌的最大反弹空间之后，于次级回调时，买进。

从极限底部开始，第一次反弹的时间超过了之前熊市行情中幅度最大的一次反弹的时间，买进。

市场到达极限低点之后的时间，超过了先前最后一次反弹的时间时，买进。例如，最后一次反弹的持续时间是 3～4 周，那么从底部开始的上涨如果超过 3～4 周时，可以考虑趋势已经掉头向上。此后在次级回调时买进，这是更加安全的买进点。

2.5.4 三个卖出点

此处的卖出点,包含做多的股票卖出以及卖空。

1. 老顶或老底卖出

当个股首次、再一次或者第三次上冲到老顶或老底时,这是卖出多头头寸或者卖空的重要点位。但当它第四次上冲到同一价位水平时,卖出很危险,因为这种情况下通常会继续走高,这条甚至可以说是铁律了。另外,卖空时一定要在老顶或老底上方 1 个点、2 个点或者 3 个点的位置设置止损单。

当主要趋势没有改变时,对于价格高于每股 100 美元的个股,通常情况下可能会上涨超过老顶或老底 5 个点。还有一条规则,当市场疲软并且主要趋势向下时,市场会在老底的下方终止反弹,即使继续上涨也不会超过 2 个点。如果市场上涨超过了老底上方 3 个点,这表明市场开始走强,可能创出新高。如果市场下跌到老的水平线下方,这表示市场非常弱。

2. 更安全的卖出点

当个股跌破了前几周的最低点,或者跌破了前几周的一系列底部时,卖出。正如趋势线指示的那样。

3. 最安全的卖出点

个股在次级回调后跌破了前几周的底部,或是跌破了最后一次回调时的底部,趋势掉头向下时,卖出。这类次级回调几乎总是出现在熊市行情第一阶段的第一次陡直下跌之后。

(牛市行情后)第一次下跌的空间,超过了牛市行情中幅度最大的一次回调的空间,或者超过了出现最终顶部前最后一次回调的空间,卖出。

(牛市行情后)第一次下跌的时间,超过了牛市行情出现最终顶部之前最后一次回调的时间,卖出。例如,个股已经上涨了几个月或一年,甚至更长的时间,并且幅度最大的一次回调,其时间持续了 4 周——这是牛市的平均回调时间——随后到达顶点,第一次下跌持续的时间超过 4 周,这指示了小型趋势或者主要趋势的变化。此后在任何一次上冲时做空,这是更加安全的卖出点，因为是在趋势明确之后做顺势的交易。

2.6 底部形态和顶部形态

通过研究股票的历史形态，当未来遇到相似的形态时，就能研判将会发生什么。这就像是看到了乌云密布，便知道即将迎来一场暴风雨。

在底部的吸筹或顶部的派发完成之后，会出现突破点。如果在这个点买进或是卖出，获利非常快。

仔细研究成交量、空间和价格运动，最后同时也最重要的便是时间周期。相似的市场行为会在相隔几年之后，发生在相同的月份附近。第10章在讲解"成交量"时，还将给出更多的交易规则和相关信息。

2.6.1 底部形态

研究不同类型的底部形态，如尖底、平底双重底、三重底、平底和不断抬高的底部。

1. 单"V"形底或尖底

这种形态可以是一轮陡直而快速的下跌，后面跟着一轮快速的上涨；甚至可以是一轮缓慢的下跌，后面跟着一轮从底部开始的快速反弹，这轮反弹在上涨到更高的位置前不会出现次级回调。

2. "U"形底或平底

"U"形底是指在一个窄幅区间内停留3～10周或者更长时间，其间好几次形成大致相同的顶部和大致相同的底部；随后当穿越这些中间的顶部时，形成了"U"形底或平底的形态；当穿越这些中间的顶部时，就是突破点——一个安全的买进点。

3. "W"形底或双重底

当下跌并形成了底部后，再反弹2～3周或者更长时间；接下来又下跌，并第二次在同一水平线附近形成底部；然后上涨并穿越了前一个顶部，这样就形成了"W"形底或双重底的形态。当穿越顶点或者"W"的中间点时，买进是安全的，这是突破点。

4. "WV" 形底或三重底

继双重底之后，当形成了第三个更高的底部，或者在同一个水平线附近形成了三个底部，当形成了横向的"W"和"V"，并且穿越了"W"的第二个顶部时，买进是安全的。

5. "WW" 形底或四重底

此形态包含了第一个、第二个、第三个和第四个底部。最安全的买进点是突破点或者当穿越第二个"W"的中间点时。

2.6.2 顶部形态

仔细研究不同类型的顶部，如尖顶、平顶、双重顶、三重顶和不断降低的顶部。

1. 单 "A" 形顶或尖顶

在一轮长时间的上涨之后，或者在一轮牛市行情的尾声，指数或个股经常会形成一个单独的尖顶，即先上涨 17～26 周或更长时间，其间仅出现小幅回调，有时这些回调的持续时间在 10 天至 2 周，随后便是一轮陡直而快速的下跌。**在随后的一次反弹或是次级反弹后，卖出是安全的；但是，当跌破"A"的前一条腿，或者说跌破第一轮陡直下跌的底部时，卖出更安全。**

2. "⊓" 形顶或平顶

当市场停留在一个窄幅区间内，其间在同一价位线附近形成了好几个顶部，并且回调的各个底部也处在同一水平线附近，这就形成了"⊓"形顶或平顶的形态。当跌破周线上的一系列底部时，卖空是安全的。

3. "M" 形顶或双重顶

当个股或指数在一轮大幅上涨之后到达了顶部，随后又回调 3～7 周或者更长时间，接下来再次反弹到顶部附近，这就形成了"M"形顶或双重顶的形态。随后，当下跌并跌破上一次回调的最低价下方，或者说"M"的中间点下方时，卖空是安全的。

4. "MA"形顶或三重顶

此形态是在个股或指数于同一水平线附近形成了三个顶部，或者在第二个和第三个顶部略低的情况下出现的。如果它是长期上涨后的顶部形态，那就是大型下跌的信号。停留在顶部的时间越长，指示大幅下跌的信号就越强。当个股跌破了前一个底部，或者跌破了"M"的底部时，卖空是安全的。在跌破"A"的底部时，卖空更安全——这是突破点。

5. "MM"形顶或四重顶

此形态是在个股或指数于同一水平线附近形成了四个顶部，或者在后几个顶部略低的情况下出现的。当跌破第二个"M"的中间点或者跌破最后一次回调的最低价时，卖空最安全。

2.7 牛市与熊市的几大阶段

个股或指数的一轮牛市（或熊市）行情，通常分为三至四个阶段。

1. 牛市

第一阶段：最终底部之后开始上涨，随后出现一轮次级回调。

第二阶段：上涨到了更高的价位，超过前几周的多个最高价和第一阶段上涨的最高价；然后出现回调。

第三阶段：上涨并且在本轮运动中创出新高。多数情况下，这意味着一轮行情的尾声，但是，判定第三阶段的上涨结束，意味着主要趋势的改变，必须要等待明确指示的出现。

第四阶段：通常（牛市会用）四个阶段运行完毕，而第四阶段的运动或者上涨结束是最重要的，可以观察到牛市行情的结束以及趋势的改变。

对于运行时间在1年或1年以下的短周期小型牛市行情，通常会用两个阶段运行完毕；尤其第一阶段是从尖底启动的情形。因此，需要注意第二阶段上涨后的市场行为，观察市场是否正在形成顶部以及是否给出趋势改变的信号。

2. 熊市

熊市的行情与牛市相反。

第一阶段：先是一轮陡直而剧烈的下跌，它改变了主要趋势；随后出现一轮次级反弹，在次级反弹时卖空更安全。这次反弹标志着第一阶段结束。

第二阶段：第二次下跌到了更低的价位，接着一轮温和的反弹。

第三阶段：第三次下跌或运动会创出新低，这会是一轮行情的尾声。

第四阶段：通常（当市场做）第四次运动时，应密切注意底部的出现。研判是否出现最终底部时，还可以使用其他的所有规则。例如，观察老顶和老底给出的主要趋势已准备改变明确指示等。

对于运行时间在1年或1年以下的短期小型熊市行情，通常会用两个阶段运行完毕；尤其是第一阶段是从尖顶启动的情形。因此，需要注意第二阶段下跌后的市场行为，观察市场是否正在形成底部以及是否给出趋势改变的信号等。

极端情况下，例如1929年以及后续1929—1932年的熊市行情，出现了多达七个阶段的跌跌涨涨。但是，这种情况极其罕见，再次出现时通常会相隔很多年。

2.8 如何研判主要趋势的改变

1. 空间运动

根据空间运动来研判趋势改变的规则：**当某次下跌的点数，超过了先前最大跌幅1个点甚至更多时，这是趋势改变的指示信号。**

在一轮牛市行情中，当市场运行了三个阶段甚至更多时，需要仔细回顾之前的记录，并记下所有阶段中最大的回调，无论10个点、15个点、20个点、30个点，还是更大幅度的回调。假设指数已经上涨了很长一段时间，并且这轮牛市的最大回调幅度是10个点，而市场又到达这轮行情的第三阶段或者第四阶段，那么，**当指数或个股的第一次崩跌在10个点以上，即崩跌的空间超过最大回调时，这表明主要趋势发生改变，或者很快会变化。**但这并不意味着在反转信号出现之后，市场不再会有反弹。通常情况下，在牛市出现第一个反转信号之后，还会有一轮次级反弹。市场在顶部派发的过程中，需要一定时间。因此，不能仅仅因为看到主要趋势改变的信号，就认为卖空的时机已来临以及市场后续不会反弹。可以的话，最好在市场反弹时卖出，尽管有些时候，可以在市场跌破底部之后所形成的新的最低价位置附近卖出。应综合运用所有规则来研判。

2. 时间周期

这是判断主要趋势何时改变的另一种方法。

规则：当一轮行情只有三个阶段或者四个阶段，并且回调的时间超过了先前回调时间最长的情况时，考虑主要趋势已经改变。

仔细回顾过去的记录，在牛市的所有历史阶段，从任意次要顶部或者反弹所经历的时间中，找出最长的时间。例如，若发现最长的反弹时间大约是4周，那么当市场第一次出现连续下跌5周甚至更长时间时，表明主要趋势已经改变。可以考虑在后续的次级反弹时卖空。

这条规则在熊市中同样适用。在一轮熊市行情的尾声，当个股或指数某次反弹的空间运动或者点数，超过了熊市期间的其他反弹，那么趋势正在改变。而若某次反弹的时间超过了熊市期间的最长反弹时间，那么主要趋势正在改变，牛市行情即将开始。

无论牛市还是熊市，与市场在第三阶段或者第四阶段之后的趋势改变信号相比，在第二阶段之后的空间运动的反转信号，重要性均略低。

3. 市场在窄幅区间停留数周

当个股或指数在窄幅区间内停留2～6周或者10～13周，随后突破了前几周的各个顶部，或是跌破了各个底部时，说明趋势已经改变，应该顺势操作。在窄幅区间内停留的时间越长，无论市场是向上突破，还是向下突破，力度都会越大。

4. 横向吸筹或派发

当一轮牛市进入了第三阶段或者第四阶段，随后出现一轮陡直崩跌及反弹时，常常出现市场在很长一段时间内，在某个价格区间做**横向派发**。该价格区间的顶点可能处于极限高点下方几个点的位置。**解读形态时，关注派发区间的最高价与最低价形成的价格区间非常重要。可以在横向派发区间的顶点附近卖空。还有一个更加安全的卖空点是，当价格向下突破横向派发区间的底点时——这是突破点。

在一轮熊市的尾声，第一轮陡直上涨之后，会出现一轮次级回调；随后便是一段长时间的**横向吸筹**，在顶部的价格区间与底部的价格区间之间，会出现好几轮价格摆动。可以在此价格区间的底部附近买进。还有一个更加安全的买进点是，当价格向上突破横向吸筹区间的顶点时，因为这是突破点，也是一个快速上涨的信号。

5. 牛市或熊市的最终阶段

在牛市的最终阶段，市场快速上涨，随着价格越走越高，回调也越来越小，直到最终阶段或者快速运动结束。之后便会出现一轮陡直且快速的回调，趋势也随之反转。

在熊市的最终阶段，市场在跌破所有的老底和阻力位之后越走越低，反弹会越来越少，反弹的幅度也越来越小。因此，买进的人没有机会在反弹时卖出，直到市场到达最终的底部并出现第一次反弹。

这就是在牛市或熊市的最终阶段与趋势对抗毫无益处的原因。

6. 底部区间

在市场跌破几周前的底部，或者突破几周前的顶部之前，一定不要认为市场的主要趋势或者小型趋势已经发生改变。基于个股或指数所处的价位水平不同，通过研判个股或指数下跌至底部下方的不同点数，来表明趋势已经改变。例如，在双重底、三重底或者双重顶、三重顶的情况下，将1～3个点的范围视为区间。而在强劲的市场中，个股只会跌至底部下方1个点，极端情况下也不会超过2个点。一般而言，当跌破了底部3个点时，表明市场在出现任何重大的反弹之前，将继续走低。

7. 顶部区间

顶部区间与底部区间类似。双重顶的区间大约为3个点。对于在1～3个点的区间内有多个顶点的情况时，均可以视为双重顶或者三重顶。对于上涨超过老顶1～2个点的情况，不一定表明主要趋势已经改变，股价将继续走高；然而，上涨超过老顶3个点，总是预示着市场在出现大幅回调之前，将继续走高。在牛市或熊市的尾声，经常会形成一些假突破，随后便会出现快速反转。

8. 牛市中上涨突破老顶之后会下跌至老顶的下方多远

为了持续描述上涨趋势，当个股或指数上涨突破老顶，随后回调，在强势的情况下，市场会在老顶附近止跌，有时会跌破老顶 1～2 个点，但很少下跌超过 3 个点。无论价格涨到多高，一旦回调超过老顶下方 5 个点，表明趋势可能已经改变。此时股价通常不会走高，而是继续下行。尽管市场下跌超过老顶下方 5 个点，仍然可能处于牛市，这取决于市场处于牛市的哪个阶段。最后一个阶段的信号是最重要的。

9. 熊市中可能运行至老底的上方多远

熊市中要把上一条规则反过来使用。由于顶部变为底部，底部变为顶部，可以考虑在市场反弹至老底附近时卖空。（下跌趋势时）市场通常不会反弹超过老底上方 1～2 个点；通常情况下，很少上涨超过 3 个点。因此，即使价格处于高位，如果市场反弹超过老底上方 5 个点，表明趋势可能已经改变。此时股价通常会继续走高，而不是延续熊市立即下行。

10. 在 5～7 个点或 10～12 个点的区间内快速上涨或下跌

无论是市场活跃，还是在交易区间内缓慢运动，一旦市场相当活跃时，所有的指示信号都会更准确、更具有价值。

当个股或指数上涨了一段时间，已经走完三个阶段或者四个阶段，若出现在 10～12 个点的区间内进行的摆动运动，其间形成了多个底部、多个顶部，表明市场不是在吸筹就是在派发。当这类区间的底部被突破时，表明市场会继续走低；当这类区间的顶部被突破时，表明市场会继续走高。注意横向吸筹区间和横向派发区间。

在一轮上涨趋势中，可能多次出现 10～12 个点的回调；之后是一轮 20～24 个点的回调。此后，若某一次上涨到顶点，然后下跌超过 20 个点时，通常都会向下运行 30～40 个点。仔细回顾个股或指数在非常高位时的运行记录，就可以发现本条交易规则的价值。

11. 市场何时处于最强势或最弱势的形态

长期下跌之后，尤其是在反弹很小、陡直且快速的下跌之后，当市场开始不断形成更高的底部时，个股或指数处于最强势的形态。当市场形成第二个更高的底部或者第三个更高的底部之后，一轮上冲突破了先前的顶部，个股也处于最强势的形态。不断抬高的底部通常表明市场的强劲。而当市场从第三个更高的底部或者第四个更高的底部开始上涨时，会有一轮持续时间较长且回调幅度较小的大型上涨趋势。参与这类市场运动，可以快速获利。

在熊市中要反过来使用本条规则。当市场不断形成更低的顶部时，这是最弱势的形态。在第三个更低的顶部或者第四个更低的顶部位置附近时，卖空是最安全的。此后，当市场跌破了最后一个最低价或者先前的底部时，它处于最弱势的形态，表明主要趋势继续向下并可能加速下跌。

2.9 如何研判小型趋势的改变

1. 小型上涨

在小型上涨趋势中，若市场持续两周甚至更长时间在同一位置附近筑顶，尤其此时又在顶部附近做窄幅区间运动，随后跌破了两周内或者更长时间的底部，则小型趋势已掉头向下。应跟随新的小型趋势，直到出现趋势改变的其他信号。

2. 小型回调

当指数或个股已经持续了数周或者数月的下跌，而市场又花了两周或者更长时间在同一位置附近筑底，或者在一个窄幅区间内运行了两周或者更长时间，若随后突破了两周内或者更长时间的顶部，则小型趋势已转头向上——至少是临时性改变。此时也应跟随此新的小型趋势。

3. 呆滞市场

呆滞市场是指出现在任何价位的窄幅区间，表明了市场正在为某种变化作准备。无论窄幅的呆滞市场之后是向上还是向下突破，都应跟随。

4. 小型运动的持续时间

牛市小型回调的时间规则：当市场正在上涨或处于牛市行情时，若小型回调的信号出现，通常会回调3～4周的时间。而第4周期间，市场常常会出现反弹，以及达到更高的收盘价。某些情况下，市场仅花两周时间回调，这属于陡直且快速的回调，随后便恢复主要趋势。然而，当下跌了3～4周之后，若市场仅出现小型反弹，随后又跌破了3～4周的底部，则属于更大级别的趋势改变信号，很可能主要趋势发生了变化。

极端情况时，在牛市的次级反弹后，甚至会下跌6～7周的时间。在主要趋势恢复前，几乎不会下跌更长的时间。

熊市小型反弹的时间规则：在熊市中要把前面的规则反过来使用。熊市中的反弹通常仅持续2～4周。若某次反弹持续到了第5周，那它还可能持续到第6周甚至第7周。此时应密切关注趋势的重要变化。

当熊市的反弹或者次级回调上涨了3～4周之后，若市场继续上涨，随后又突破了3～4周的顶部，则趋势正在变化——至少是临时性改变。即使在熊市中也表明市场会创新高。

2.10　如何利用开盘价和收盘价确定趋势最初的变化

在最高价与最低价的周线图上带有开盘价和收盘价，这是用于研判个股或指数的趋势最好的图表之一。同时，这也是使用道琼斯30种工业股价格平均指数周线图，并且通过它获取所有趋势变化指示的原因。

在任何一周或是任何一个交易日结束时，收盘价都是最重要的。理由是，无论股价在一周内或者日内如何高高低低地波动，收盘价精确显示了周期结束时的盈亏。

当个股或指数已经上涨了一段相当长的时间，并且达到某个老顶，或者市场的某个阶段表现出趋势可能改变，那么周一早上观察开盘价，尤其是在非常活跃的市场中，便是非常重要的。假如指数或个股周一早上开盘后，在不到开盘价上方1个点的位置便开始下跌，随后收盘于上周六最低价的位置附近，这便是周线图上趋势改变的初始信号。注意，在明确指示出趋势改变之前，不要忘记配合其他规则，还要等待时间或空间维度也有适当的下跌或者跌破了前几周的底部。

本条规则还可以反过来用在下跌后的底部或是非常活跃的市场中出现了陡直且快速的下跌之后。周一早上先观察开盘价。假如个股快速下跌持续到一周的中期或后期，筑底之后，快速反弹，周六收盘于周一开盘价位置附近甚至周一开盘价位置上方，这是趋势正在改变的明显信号，市场后续会暂时性继续走高。注意，在明确指示出趋势改变之前，要配合所有的规则综合研判，比如突破了前几周的顶部，或者逆向运动的空间（即点数），逆向运动的时间，等等。

还有一条也很重要：每周结束后，观察收盘价是位于老底下方，还是几周前底部的下方，或者是收于老顶上方，还是几周前顶部的上方。因为这也是一个市场强弱的信号。

2.11 当股票涨到新的高价区间或跌到新的低价区间

当股票上涨创历史新高，那就可以认为进入了新的高价区间，或是下跌创历史新低，则可以认为进入了新的低价区间。必须遵循相应的规则，来跟随创新高或创新低的情况。

首先需应用其他所有的规则；同时，在明确出现主要趋势改变的指示之前，不要买进或卖出。

当个股或指数上涨创历史新高，尤其还处于牛市的第一阶段或者第二阶段时，这说明还可能继续上涨 7 个点、10 个点、15 个点或 20～24 个点，甚至更多点。假如是第三阶段或者第四阶段创了新高，那么在到达最终顶点以及趋势改变之前，这一轮上涨至新的高价区间，可能不会有特别多的点数。

当已经上涨 7 个点至新的高价区间，或者 10 个点、15 个点时，应当观察市场行为。尤其是在上涨了 20～24 个点的极端情况下，更要注意。原因是，这些位置很可能遇到阻力或者会筑顶。这都是市场运动的经验数值。当然，市场是否会在这些位置运行时出现停顿，还取决于市场的活跃性以及股价范围。通过跟随趋势的指示和规则，能够在市场运行到新的高价区间时，研判上涨是否结束以及趋势是否改变。

在熊市中要把上述规则反过来使用。

当指数或个股处于 50～125 点的区间或上涨至新的高价区间，通常运动 7 个点、10 个点、15 个点或 20～24 个点，指示效果非常准确。当超过 125 点，甚至 200 点后，上涨的运动范围相对会更大一些。同样地，涨过 300 点后，个股或指数的运动范围会更大、更快速。总的来说，研判时需要基于行情已经运行了多久，经历了几个阶段，价格从最终底部涨了多高，或者从最终顶部跌了多少等。

2.12　何时使用最高价与最低价的日线图

通常在市场非常活跃，且在很宽的价格区间振荡，尤其是牛市的最后阶段，或者熊市最后的快速下跌时，需要使用指数或个股的最高价和最低价的日线图。此外，还要绘制趋势线，并将周线图的规则同样应用在日线图上。这是因为在日线图上，可以观察到小型趋势最初的变化，它们随后会在周线图上得到确认，从而升级为主要趋势的改变。详细的说明将在第 3 章"阻力位"中给出。

最后，再强调一下，千万不要试图战胜市场。当市场的趋势正在改变时，不要去猜，可能会猜错的。耐心等待市场给出明确的趋势改变信号。如果是基于这些交易规则给出的明确信号进行研判，那就可能是对的。

第 3 章
阻力位

03

◎ 导读笔记

1. 阻力位是指通过计算得到的数学点的位置，侧重于价格空间或指数点位。阻力位是市场运动中可能会遇到阻力的位置，也是可能的买进点或卖出点。

2. 进行测算时，计算结果通常是精确的数字。而实战的时候，需将这些数字视为一个价格带。在高价区间、低价区间、中位价或阻力位附近，仔细观察市场表现出的价格行为。

3. 计算阻力位之前，先找到适当的价格波动区间。除了重要运动的极限高点与极限低点可以构成价格区间，次级底部与次级顶部也可构成价格区间，还可以对历史最高价或者顶点进行切分。

4. 常见的阻力位有 1/8 位、1/3 位、2/3 位、1/4 位、3/8 位、1/2 位、5/8 位和 3/4 位等。

• • • • • • • • • •

如果希望在投机中避免失败，那就必须探讨原因。万物基于精确的比例和完美的关系而存在。自然界中没有巧合，因为作为最高级别秩序的数学法则，是万物的基本原理。法拉第说："宇宙间除了力的数学点之外，别无他物。"

每只股票顶点或底点的位置，都是与先前某个最高价或者最低价成比例关系的精确数学点。

3.1 波动区间

无论大型运动还是小型运动，个股在极限高点与极限低点之间的运动都很重要。通过对此区间进行适当的切分，就可以确定阻力或支撑的目标点位，即在向上或是向下运动时，去预判反向运动的点位。结合趋势线，仔细观察阻力位附近，便能够执行更佳的交易以及设置更紧的止损单。阻力点位预示着指数或个股可能在老顶获得支撑，或者在老底遇到卖压。

（1）**1/8 位**。取任何一次重要运动的极限低点和极限高点，用极限高点减去极限低点得到波动区间。然后将波动区间除以 8，得到 1/8 位，这是可能的阻力位、买进点或卖出点。当个股停留在附近，同时又开始筑底或筑顶，并且趋势线也显示了转折时，应该买进或卖出。有时，指数或个股会在重要的阻力位附近停顿 3～7 天，同时构造底部或顶部；有时，可能会在重要的阻力位附近停留好几周。

（2）**1/3 位和 2/3 位**。除了对个股的波动区间除以 8 以计算 1/8 位，另一重要的位置是对个股的波动区间除以 3，分别计算 1/3 位和 2/3 位。1/3 位和 2/3 位是很强的，尤其这些位置刚好又是先前运动的阻力位时。还有一种情况是，被划分的波动区间很宽。

3.2 最高价

下一个重要的位置是，对个股的历史最高价进行切分，以及对每个更低的顶点作切分。

将最高价除以 8，得到 1/8 位；同样地，将最高价除以 3，得到 1/3 位和 2/3 位。

当个股跌破了波动区间的中位价之后，通常还会下跌至最高价的一半，这一点也很重要。对于其他的阻力位同样适用。

而当个股上涨突破了最高价的一半后，通常还会继续涨至波动区间的中位价，此时容易遇阻。

3.3 最重要的股票运动

首先，同时也是最重要的一点：参考个股在存续期内，由极限高点与极限低点之间的区间划分形成的阻力区间。

下一个重要的参考点：以历史最高价切分得到阻力点位。

其次，参考持续时间 1 年及以上的牛市或熊市的波动。将极限高点与极限低点之间的区间进行 8 等分,计算阻力点位。

最后,将第三个高点或者第四个高点除以 8,计算阻力点位。

3.4 次级底部和次级顶部

当一轮熊市形成最终底部之后,会发生首次上冲,接着次级回调,形成更高的底部。由最终底部与首次上冲的顶点形成的区间,其中位价附近是非常重要的阻力区间。换句话说,市场在最终底部与中位价之间形成的区间,可能获得强力支撑。

例如,道琼斯工业价格平均指数,1932 年 7 月 8 日,最终底部 40½ 点;9 月 8 日,首次反弹的顶点 81½ 点;1933 年 2 月 27 日,次级回调的底点 49½ 点;中位价 61 点。

当一轮牛市形成最终顶部之后,会发生首次崩跌,接着次级反弹,形成更低的顶部。由最终顶部与首次崩跌的底点形成的区间,其中位价附近是非常重要的阻力区间。换句话说,市场在最终顶部与中位价之间形成的区间,可能遇到很强的阻力。

例如,道琼斯工业价格平均指数,1937 年 3 月 8 日,最高价 195 点;6 月 17 日,首次下跌的底点 163 点;8 月 14 日,次级反弹的顶点 190½ 点;中位价 179¼ 点。

此外,还可以利用 1933 年 2 月 27 日次级回调的底点 49½ 点以及 1937 年 8 月 14 日次级反弹的顶点 190½ 点,计算中位价。

计算结果是 120 点,这里也是重要的阻力区间。例如,1939 年 4 月 11 日的最低价为 120 点,随后趋势便掉头向上。此前,在该位置附近多次形成底部和顶部。

◉ 精华笔记

1. 中位价的计算。

这里有三个案例,都是计算波动区间的中位价,如图 3-1 所示。

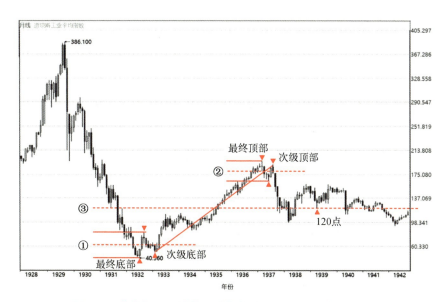

图3-1 道琼斯工业价格平均指数（1928—1942年，月线）

中位价①，是由图 3-1 中的最终底部（从左往右，第一个向上的三角形）与反弹后的高点（从左往右，第一个向下的三角形）确定的波动区间计算得到的中位价。尽管道琼斯工业价格平均指数在最终底部的点数是40.56点，江恩独特的计算方式将其视为40½点。中位价①的计算过程如下：

中位价① =(40½ +81½)/2=122/2=61（点）

中位价②，是由图 3-1 中的最终顶部（从左往右，第二个向下的三角形）与回调后的低点（从左往右，第三个向上的三角形）确定的波动区间计算得到的中位价。中位价②的计算过程如下：

中位价② =(195½ +163½)/2=359/2=179½（点）

中位价③，是由图 3-1 中的次级底部（从左往右，第二个向上的三角形）与次级顶部（从左往右，第三个向下的三角形）确定的波动区间计算得到的中位价。中位价③的计算过程如下：

中位价③ =(49½ +190½)/2=240/2=120（点）

2. 中位价附近的价格走势分析。

观察中位价①的辅助线与最终底部和次级底部的位置。市场下跌至最终底部，然后反弹至顶点，接着自然回落。这一轮向下在跌破中位价

①之后，在次级底部的位置又开始反弹向上。再看最终底部 40½ 点与中位价① 61 点构成的小区间，中位价大约在 50¾ 点，与次级底部 49½ 点距离约 1 个多点。

观察中位价②的辅助线与最终顶部和次级顶部的位置。市场上涨至最终顶部，然后回调至低点，接着自然反弹。这一轮向上在突破中位价②之后，在次级顶部的位置又开始继续下跌。再看最终顶部 195½ 点与中位价② 179½ 点构成的小区间，中位价大约在 187½ 点，与次级顶部 190½ 点距离约 3 个点。

最后观察中位价③的辅助线，市场在这个位置附近多次遇到支撑或阻力。由于中位价③是由 1933 年的次级低点与 1937 年的次级高点构成的区间，计算得到的中位价，是市场向上运动 4 年多的一个中位价。相较于中位价①和②，中位价③对后续市场的作用次数更多。

3.5 阻力位的强弱顺序

当个股在上涨过程中突破了 1/4 位，下一个需要重点观察的位置是中位价（1/2 位），或者重心，或者波动区间的平均值。

在中位价之上，下一个重点是 5/8 位。

在中位价上方最强势的位置是 3/4 位。

遇到波动区间很宽的情形时，还要重点观察 7/8 位的价格运动。该位置附近常常意味着一轮上涨的顶部。

注意，在观察这些阻力位的同时，还要在周线图上观察趋势线，并遵循前一章在形态部分给出的交易规则。假如个股在这些阻力位附近构造顶部，卖出是安全的；如果在阻力位附近构造底部，则买入是安全的。

3.6 平均值或中位价

始终谨记，在下跌过程中遇到支撑，或者上涨过程中遇到阻力，最重要的点位是，波动区间的中位价，或者个股极限高点的 1/2 位，或者任何一轮运动回调 50%。由于它将波动区间划为两等分，因此属于市场博弈的均衡点。

计算此价位的方法是，将任何一轮运动的极限低点加上该轮运动的极限高点，再除以 2。

当个股上涨至中位价附近时，可以考虑卖出，同时设置 1 个点、2 个点或 3 个点的止损单；当下跌至中位价附近时，考虑买入，也要设置止损单。止损单的大小取决于个股的价格处于高价区间还是低价区间。

波动区间的空间越宽，或者持续的时间越长，那么在到达中位价时，此中位价的重要程度越高。

仅靠遵循这条规则，也可能赚大钱。找一只股票或者指数仔细研究它的历史走势，直到自己消解对规则的质疑，然后再遵守此规则做交易。

例如，针对主要运动最重要的中位价，买入后在中位价下方设置 1~3 个点的止损，或者在中位价卖出，并在中位价上方设置 1~3 个点的止损。这里的"主要运动"是指幅度在 25~100 个点，甚至更大幅度的区间。中位价使用区间内的极限高点与极限低点进行计算。而次级中位价使用次级顶部与次级底部进行计算。回调时，通常计算前一轮运动的 50%，换句话说，回调至前一轮运动的中位价附近可能遇阻。

当个股上涨突破中位价，并且 1/2 位与 5/8 位之间的区间有 5~10 个点甚至更多时，通常还会继续上涨至 5/8 位，遇到市场阻力，可能回调或者下跌。5/8 位是一个观察筑顶或者回调的重要位置。当个股从 5/8 位跌回到 1/2 位时，如果是回调，那么可以再次买入。

下跌时也可以使用上述规则。当个股跌破中位价，并且 1/2 位与 3/8 位之间的区间也有 5~10 个点甚至更多时，通常还会继续下跌至 3/8 位，筑底后，可能上冲到 1/2 位甚至更高。

当个股处于窄幅区间运动时，经常会上涨至 5/8 位，然后跌破中位价后，至 3/8 位。这类在中位价附近的运动，如在 5/8 位附近筑顶，又在 3/8 位附近筑底，属于在整个波动区间内 1/4 的空间做摆动。

当个股突破中位价后，从此价格水平回调几个点，最终突破了中位价，可以利用已经计算好的阻力位置表或者下一个老顶，预测接下来的阻力位置。

下跌时也可以使用上述规则。当个股跌破中位价后，在此价格水平得到支撑，最终跌破了中位价，也可以利用已经计算好的阻力位置表或者下一个重要底部，预测接下来的阻力位置。

最强势的信号是，个股在中位价上方 1 个点及以上的位置停住了，说明市场在此重要阻力位置的上方设置了大量买单，从而表现出支撑很强。

弱势的信号是，当个股上涨时，没有触及中位价，甚至距离 1 个点及以上便开始下跌，然后跌破趋势线或者其他阻力位。

3.7　突破主要中位价之后的下一个阻力位

在主要中位价被（向上或向下）突破之后，下一个需要关注的阻力位置是先前某轮运动的中位价。这里的"主要中位价"是指，个股存续期内极限波动区间的中位价。

比如向下跌破主要中位价之后，另一个重要的阻力位置是最高价的中位价。比起小型波动区间的中位价，最高价的中位价力量更强。原因是它把最高价的空间分为两等分，无论股价处于高价区间、中位区间或是低价区间，一旦市场向下跌破了最高价的中位价 1 个点、2 个点或 3 个点，便是不错的卖出点；如若向上突破最高价的中位价 1 个点、2 个点或 3 个点，则是不错的买进点。

3.8　同一水平位置附近有两个阻力位

当两个不同的中位价或者任意两个阻力位，刚好处于同一水平位置附近时，例如波动区间的中位价或者最高价的切分等，应当把两个位置的价格加起来，再除以 2，作为新的中位价。理由是此价位附近既可能是下跌的支撑位，也可能是上涨的阻力位。

3.9 如何寻找阻力位

假如发现某个位置附近是重要的阻力位或是最强的中位价，此时还要检查该价位附近是否还有其他的阻力位，如 1/8 位、1/4 位、3/8 位、5/8 位或 2/3 位等。在同一价位附近找到 3 个或 4 个阻力位都是有可能的。找到阻力位的数量越多，当个股来到此价位附近时，越容易遇到阻力。最后，将此价位附近的最高价阻力位与最低价阻力位相加，再除以 2，得到阻力位的平均值。

密切注意个股来到阻力位置时的活跃性。例如，当个股急速上涨，同时伴随巨大的成交量时，不要主观认为市场会在这些阻力位置停滞，除非在这些位置附近停顿 1～2 天，那就可以考虑卖出，且挂上止损单。此外，还要考虑市场是否已经从底部上涨到第三阶段或第四阶段。对应地，当个股急速巨量下跌时，也不要主观认为阻力位置可能令下跌停止，除非也停顿 1～2 天，那就可以考虑买入，同时也要挂止损单。此外，还要考虑市场是否已经从顶部下跌到第三阶段或第四阶段。

运用所有的交易规则，去预测重要顶部或重要底部将会出现的强势位置，如 1/3 位、2/3 位、1/4 位、3/8 位、1/2 位、5/8 位和 3/4 位。

千万不要忽略这一事实：市场从底部准备上涨需要花时间；在顶部派发然后下跌也需要时间。上涨行情持续的时间越长，需要的吸筹时间也越长；下跌行情持续的时间越长，对应的派发时间也越长。

3.10 牛市或熊市最后阶段的小幅赢利

当一轮牛市或上涨的市场接近尾声时，通常净增长或运动幅度会变小，这是指数或个股遭遇巨大卖压的信号。

假如有一只正在上涨的股票，突破前高之后，继续上涨了 20 个点，然后回调 10 个点；接着又突破前高，并上涨 15 个点，然后回调 5～7½ 个点；再次上涨时，尽管突破前高，但是仅超过 10 个点，然后回调 5 个点及以上，这很可能是市场疲软或者接近顶部的信号，因为每一次向上运动的净增长在变少。另外，在非常活跃且快速运动的市场中，伴随着巨大的成交量，最后一次运动的点数可能更多。

下跌时可以将上述规则反过来使用。假如个股的下跌运动有数次在 10 个点、15 个点或 20 个点，并且每次下跌的时间变短，或者个股跌破某个底部后，下跌的幅度越来越小，这是市场的卖压在减小，趋势改变临近的信号。另外，在快速运动的恐慌市场中，最后一次下跌运动的点数可能很大，并且反弹非常弱。这是下跌的最后一波。

在牛市或熊市的最后阶段，只能用短时间运动或小型运动的中位价。最重要的一点是，仔细观察最后一轮运动的阻力位置，尤其是中位价，因为市场可能在此运行好几周，甚至好几个月。当突破中位价 3 个点时，通常趋势会逆转。

3.11 空转

任何类型的机械都有空转，股市也一样。空转是由动能引起的，它使得个股略微超过阻力位，或略低于阻力位。空转通常在 1⅞ 个点。

当个股非常活跃且巨量上涨时，常常会超过中位价或其他强阻力位 1⅞ 个点，但不会涨过 3 个点。巨量下跌时也可以使用上述规则。跌至重要的阻力位时，常常会继续下跌 1⅞ 个点，但不会超过 3 个点。

可以借助物体的重心来理解空转的规则。假如给地球挖通一个洞，然后扔进一个球，下跌的动能会使球超过地心，但随着动能的衰竭，球最终将停在地心。个股在中位价附近的运动方式与此类似。

研究个股或指数在底部和顶部之间的阻力位，可以帮助理解市场在重要点位运动的准确性。

第4章
江恩预测法的基础与几何角度线

04

◉ 导读笔记

1. 江恩预测法的基础是数学与几何学。需要掌握简单的加、减、乘、除四则运算，还需掌握基本的圆形、正方形和三角形知识。

2. 预测需要综合时间与空间。绘制不同时间周期的图表，保证图表的正确性是最重要的。图表的时间周期通常基于自然年、自然月、自然周或交易日等。时间周期越长，股价越高，单位价格空间也越大。

3. 熟悉如何在图表中从顶点或低点作角度线，以及买卖点的规则。

4. 构造时间与价格的正方形，既可参考价格的数值，也可以参考时间周期的经验数值。

· · · · · · · · ·

数学是唯一精确的科学。一旦人类掌握了数学这门简单的科学，将被赋予天地之间的所有力量。爱默生曾说："上帝确实研究过几何学。"法拉第也说："宇宙间除了力的数学点之外，别无他物。"史上最伟大的数学家之一毕达哥拉斯曾说过："数字先于上帝而存在。"他认为，数字的波动创造了上帝和众神。

众所周知，数字不会说谎。人们相信，数字会揭示真相，甚至所有的问题都可以用数字来解决。如果没有数学这门科学，就没有化学家、工程师和天文学家等。

4.1 江恩预测法的基础

利用数据解决问题，得到正确答案。该过程是如此的简易，在商业、股市和商品期货市场中却仅有少数人使用，这就显得非常奇怪。（数学的）基本原理很容易学习和掌握。无论是几何学、三角函数还是微积分，都会用到简单的算术法则，即这两条：加法和减法。

整数分为两种基本形式：奇数和偶数。加法，就是把数字相加；乘法，就是更快速的加法；减法，是让数字减少；除法，也会让数字减少。利用高等数学，可以使加、减、乘、除更快、更容易。理解了内在原理之后，就会觉得数学非常简单。

市场运动只有两种形式：上涨或下跌。利用长、宽、高可以形象地理解三维空间。几何学中有三种基本图形：圆形、正方形和三角形。可以使用圆的内切正方形和三角形，来测算时间点、价格以及空间阻力位。还可以使用圆的360°来测量时间和价格。

有三种角度线：垂直线、水平线和对角线。它们可以用来测算时间和价格运动。利用奇数和偶数的正方形，不仅能证明市场运动，还能寻找原因。

4.2 如何绘制图表

图表是对市场过去的运动所作的记录。未来不过是过去的重复，并没有什么新鲜事。历史不断重复，人们可以运用图表来研判历史会在何时以及如何重复。因此，首先需要掌握的，也是最重要的一点就是，如何正确绘制图表。理由是如果在绘制图表时犯了错，那么在自己的交易中运用交易规则时，同样也会犯错。

年线图表：应当绘制一张含有最高价与最低价的年线图表。把自然年间或个股存续期内的极限最高价和极限最低价记录在一条柱状线上。价格空间可以选用每1/8英寸对应1个点、2个点或是更多，具体根据股票的活跃度和波动区间来决定。

月线图表：始终备有一张含有最高价与最低价的月线图表。在用于判断主要趋势的所有图表中，它是最重要的。这种图表把自然月期间的极限最高价和极限最低价记录在一条柱状线上。图表的每个空格或1/8英寸应代表1个点或每股1美元。

周线图表：下一张应当绘制的图表也非常重要，是含有最高价与最低价的周线图表。当股价低于50美元时，在图表中要用1/8英寸代表1/2个点，即2个空格代表1个整数点。1英寸的空格代表4个点。当股票变得非常活跃时，尤其是当股价高于100美元时，可以绘制新的周线图表，每个空格或

1/8 英寸代表 1 个点或每股 1 美元。

半周线图表或 3 日图：下一张重要的图表是 3 日图。取周一早上开盘起至周三收盘时的极限最高价和极限最低价，并在周三晚上完成该图表的绘制。然后取周四早上开盘起，至周六收盘时的极限最高价和极限最低价，并在周六完成该图表的绘制。该图表的时间周期是半周。图表的间距可以与含有最高价与最低价的周线图表相同。

周线移动平均值或中值点：计算周线移动平均值的方法是，将一周内的极限最低价和极限最高价相加，然后除以 2，得到一周的中途点或中值点。（此数据可以记录）在含有最高价与最低价的周线图表的柱状线中，或是在单独的图表上，用一个点代表一周的移动平均值，然后对各点进行连线。

日线图表：在交易活跃的股票时，应当绘制一张含有最高价与最低价的日线图表。但仅就研究目的而言，绘制周线图表和月线图表已经足够，这两种图表显示了主要趋势。日线图表显示的是小型趋势，比其他图表更频繁地显示趋势的改变。日线图表上趋势变化的信号，持续时间不会很长，也不会运行很远。除了股价低于 50 美元或者股票处于不活跃的交易区间的情况，日线图表应像其他图表一样进行绘制。图表上的价格空间可以是 1/2 个点对应 1/8 英寸，也就是用 2 个空格代表 1 个整数点或每股 1 美元。当股票活跃且上涨得非常迅速，每天都形成一个较大的价格空间时，可以像绘制周线图表和月线图表那样来绘制日线图表，即 1 个点对应 1/8 英寸。当波动很大时，这样的价格空间可以缩小图表，使得图表维持在易看、易读的状态。

日线图表没有为周日或节假日预留空格。因此，时间周期指的是实际的交易天数，而不是日历天数。然而，应当至少每两周标注一次日历天数，原因是在趋势变化的时间周期规则中，核对并了解市场何时距离某个顶部或底部 30 天、60 天、80 天、120 天、135 天等很有必要。这些天数指的都是日历天数，也属于日线图表精确的时间量度。经常会出现这样的情况，当日线图表上的实际日线运动在某个时间量度的、精确的数学角度线上出现时，日历天数也出现在某个精确的时间量度上，这些位置使得趋势变化加倍重要。

4.3 几何角度线

如前所述,数学是唯一精确的科学。不管讲的是什么语言,地球上各个民族都认同"2+2=4"。然而,其他的科学却不像数学这样能够让人意见一致。可以发现,不同科学领域的人们,对问题的看法也会不同,但在数学计算方面却没有争议。

无论一个圆形是大还是小,它都是360°。某些度数和角度是非常重要的,它们表明了重要顶部或底部何时会出现,还能指示重要的阻力位。一旦彻底掌握了几何角度线,就能够解决任何问题,也能够判断股票的趋势。

经过35年的研究、试验和实际运用,我已经完善和证明了用于研判股市趋势最重要的角度线。因此,集中精力研究这些角度线,直到彻底理解它们,运用给出的每一条规则进行研究和试验,将会获得成功。几何角度线可以测量空间、时间、成交量和价格。

使用几何角度线来测量空间和时间周期,是比加法、乘法更简捷和快速的方法。需要遵循交易规则,并且正确绘制以顶部、底部、极限高点或极限低点为起点的角度线。在运用加法或乘法时可能会犯错,但正确绘制的几何角度线可以纠正这类错误。例如,在图表上从底部0点,往水平方向数120个空格(可以代表120天、120周或120个月)。然后从0点开始,往垂直方向朝上数120个空格。接着以顶点120为起点,向下画一条45°角度线。该角度线从起点经过120个点之后,将回到(水平方向的)0点。如果在数格子时出错了,角度线则可以进行纠正。

图表中的角度线,始终可以显示个股的强弱形态与趋势。如果已经在图表上记录了时间层面的阻力位,然而放错了或者忘记了,图表中的角度线也会在你面前提示出来。

图表中正确绘制的角度线,或者中值点的连线,可以阻止犯错或者误判趋势。在等待并遵循交易规则时,这些角度线可以显示趋势何时可能会改变。

中值点的连线,通常可以用在日线、周线或者月线图表中。将极限最低价和极限最高价相加,然后除以2,计算平均值或者中值点。在每个时间周期结束时，都要持续这样做。这种点数运动是不规则的，但时间周期是规则的单位。以周线为例，有时每周会上涨 2 个点，有时每周会上涨 5 个点。因此，本质上，几何角度线就是对中值点的连线进行抽象。在日线、周线或月线图表上，从任何底部以相同的速率向上延伸，或者从任何顶部以相同的速率向下延伸。

◎ 精华笔记

1. 中值点的计算。

在第 4.2 节介绍了周线移动平均值的连线是如何计算的。这里将其简称为中值点的连线。中值点的计算公式为：

$$中值点 = (最高价 + 最低价)/2$$

2. 依据算法画出中值点的连线，并进行分析。

由于单个时间周期表示一段时间，市场会在这个时间段内上下波动。使用中值点可以简化市场在此时间周期内的价格波动。将连续时间周期内的中值点连成线，可以构成一条指标线，如图 4-1 所示。

图 4-1 中值点的连线指标（周线）

观察中值点的连线，可以大致判断市场的方向。

当市场处于上升趋势时，中值点的连线会倾斜向上。

当市场处于下降趋势时，中值点的连线会倾斜向下。

以相邻两个时间周期中值点的连线向上倾斜为例，表示 T_{n+1}（后一个时间周期）的中值点比 T_n（前一个时间周期）的中值点更大。这两个中值点之差，可以大致认为是单个时间周期内，市场向上运动的价格空间。

3. 中值点的连线与角度线之间的底层逻辑。

在理解了中值点的连线的基础上，江恩抽象出角度线，并将其运用在日线、周线或者月线图表中。

角度线与中值点的连线是不同的。例如，中值点的连线是弯弯曲曲的，而角度线是直的。中值点是在各个时间周期的价格空间内部，而角度线的起点通常是某个时间周期的最低价或最高价。

4.4 如何绘制几何角度线

用数学或几何学可以证明圆形、正方形和三角形这三者是有关系的。在绘制出正方形之后，可以用同样的直径在正方形内画一个圆，[①]这样就可以作出三角形、正方形和圆形了。

角度线或中值点的连线可以对时间和价格进行测量，并分割成相应的比例。参考图4-2，这是一个 28×28 的正方形。它高为28，宽为28。换句话说，垂直向上28，水平向右28。与正方形的房间类似，有底部或地板，有顶部或天花板，还有墙壁。任何物体都有长、宽、高。

要找到正方形中最强和最重要的点，先分别用水平线和垂直线将正方形分为两个相等的部分。注意标为 A 的角度线，它从 0 点延伸到对角的 28，把两个小的正方形分为两个相等的部分（小的等腰直角三角形）。这条45°的对角线，还把大的正方形分为两个相等的部分（大的等腰直角三角形）。下面

---

① 译者注：这句话江恩的意思是，以正方形的边长作为内切圆的直径。

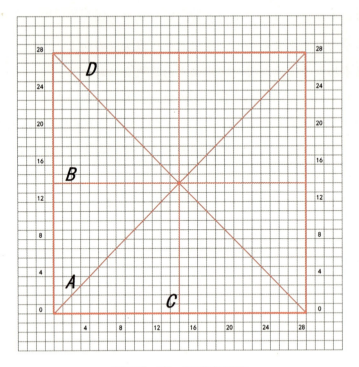

图4-2 28×28的正方形

注意从纵坐标14,水平延伸的角度线B,它也把大的正方形分成了两个相等的部分(上下两个长方形)。然后注意角度线C,它是从横坐标14,向上延伸的垂直线。14是28的1/2。角度线C与其他的角度线交叉,交叉点位于垂直向上14、水平向右14的位置,即坐标点(14,14)。角度线C也把大的正方形分成了两个相等的部分(左右两个长方形)。最后注意角度线D,它是另一条45°角度线,从西北角延伸到东南角,恰好在1/2位穿过了14。总的来说,通过大的正方形中心,画第一条线,就把它分成了两个相等的部分;然后再从另一个方向画一条线,就把它分成了四个相等的部分;最后再从对角画两条线,就把它分成了八个相等的部分,这样就有了八个三角形。

观察这个28×28的正方形,很容易一眼就看出最强的支撑位或阻力位就是所有角度线交叉的中心点。四条角度线都穿过这个点,说明该点自然比其他只有一条角度线经过的位置更强。还可以用同样的方式,将小的正方形也用角度线划分为四个相等的部分或者八个相等的部分。后面的交易规则和案例，将会解释如何利用个股的价格空间组成正方形，要用到极限最低价与极限最高价的差，或是任何低点与任何高点的差。例如，个股的顶点是28美元（或28个点），使用这个28×28的正方形来表示价格与时间形成的正方形。如果价格上涨了28美元（或28个点），而时间周期也移动了28个单位，这就形成了价格与时间的正方形。因此，当个股已经运动了28天、28周或28个月时，就有了价格区间为28的正方形。

4.5 几何角度线的标准图

90×90的正方形或者说标准图，显示了所有的角度线。角度线对于判断个股的强弱形态是非常重要的，例如 3¾°、7½°、15°、18¾°、26¼°、30°、33¾°、37½°、45°、52½°、56¼°、60°、63¾°、71¼°、75°、82½°、86¼°和90°。

无须使用量角器来测量这些角度。正确画出角度线，只需在1英寸的图纸上数空格，然后画出相应的线条或角度线。

在90×90的正方形上，可以了解角度线的用法，而不是通过以顶部或底部为起点画角度线以及找交叉点的方式。

例如，从0点向上作出8×1角度线，从90向下作出8×1角度线，它们的交叉点会在(5⅝, 45)。从0点向上作出4×1角度线，从90向下作出4×1角度线，它们的交叉点会在(11¼, 45)。4×1角度线是8×1角度线度数的两倍。同时，交叉点的纵坐标都在45，因为45是90的1/2。因此，分别从0点向上，从90向下，作出相同角度的角度线，一定会相交于纵坐标45的水平线上，或者说是重心上。

4.6 如何以个股的某个低点为起点绘制角度线

图 4-3 的例子介绍了在个股走高或是上涨时，使用的重要角度线。

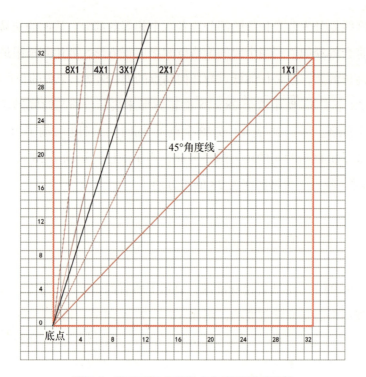

图4-3 牛市45°角度线上方的重要角度线

最重要的几何角度线45°（1×1）：第一条也是最重要的角度线，始终是45°角度线。它可以表示每天上升1个点、每周上升1个点或每月上升1个点的趋势线。这条45°角度线，把空间和时间周期的正方形分成了两个相等的部分（等腰直角三角形）。只要市场或个股停留在45°角度线上方（上面的等腰直角三角形），就处于强势的状态，预示着价格还可能创出新高。当个股停留在45°角度线上时，可以买进并在45°角度线下方1个点、2个点或3个点的位置设置止损单。但是要记住本条规则：永远不要使用3个点以上的止损单。通常可将止损设置在45°角度线下方1个点，除非股价处于低价区间，或者牛市才刚开始，或者是股价非常低的情况。当跌破45°角度线1个点时，通常会发现趋势已经改变，至少是暂时性的改变，股价将会走低。

有一种绘制45°角度线的简单方法。

例如，以个股的底点为起点，先数时间周期28天、28周或28个月，然后从底点向上数28个点作为终点（28，28）。连接起点与终点，便是45°角度线。它是最容易绘制的角度线之一，也是学起来最简单的角度线之一。坚持这条规则：等待个股处于45°角度线上时买进，或沿着45°角度线卖出，就可以通过只靠45°角度线交易来战胜市场。

第二重要的角度线2×1：这条2×1角度线或趋势线，可以表示每天、每周或每月以2个点的速度上升。它将45°与直角90°分为两个相等的部分（角度层面），对应的角度是63¾°。这也是2×1角度线是下一条最强的角度线以及第二重要的角度线的原因。只要股价维持在这条角度线的上方，就处于比停留在45°角度线上更加强势的状态。因为度数更高，角度线更陡。当个股跌破了2×1角度线，也就是每个时间周期上涨小于2个点时，便预示着股价可能会继续走低，要去触及45°角度线。要记住这条角度线的通用规则：无论个股跌破了哪条角度线，都预示着可能会跌至下一条角度线。

第三重要的角度线4×1：这条4×1角度线或趋势线，可以表示每天、每周或每月以4个点的速度上升。只要价格维持在这条角度线上方，就处于更强势的状态。在这条角度线上，1个时间周期对应了4个点的价格空间，对应的角度是75°。它将2×1角度线与直角90°分为两个相等的部分（角度层面）。任何个股若能持续每天、每周或每月上涨4个点，就能维持在4×1角度线的上方，这是非常强势的状态。但当跌破这条角度线时，就预示着将跌回到下一条角度线或下一个支撑位，这要取决于时间层面的强弱形态。

第四重要的角度线8×1：这条8×1角度线，可以表示每天、每周或每月上升8个点，对应的角度是82½°。只要个股能够在日线、周线或月线图表上，维持在这条角度线上方，就处于最强势的状态。但是当趋势反转，并下跌到这条角度线的下方时，就预示着将跌至下一条角度线。

下一条角度线16×1：这条16×1角度线，表示1个时间周期内上升16个点，对应的角度是86¼°。该角度线仅可能用于快速上涨的市场中。例如1929年，当时的个股每天、每周或每月上升或下跌16个点，这非常罕见。

可以注意到，当市场处于强势状态，或者牛市阶段时，前四条角度线很重要。通过角度线对空间进行分割，可以得到时间和价格的中途点或是重心。

3×1角度线：注意标为 3×1 的角度线，它表示每天、每周或每月以 3 个点的速度上升，对应的角度是 71¼°。当市场经历了一轮长期的上涨，并且从底部涨了很长一段距离后，这条角度线有时就很重要。它是月线图表和周线图表的一条重要角度线。

只要个股持续上涨，并停留在 45°角度线上方，或者说每天、每周或每月保持以 1 个点的速度上升，以上就是需要用到的所有角度线。

尽管一个圆有 360°，可以在任意度数形成角度线，但是所有重要的角度线都位于 0°与 90°之间。因为 90°是直上直下的，这是价格上涨最陡峭的角度。另外，45°把 0°到 90°的空间分成了两半。而 135°角度线则是另一条 45°角度线，因为它在下一个象限，即 90°与 180°之间的 1/2。在圆形之内，225°角度线和 315°角度线也属于 45°角度线。因此，在研判个股趋势方面，有价值的角度线都可以在 0°与 90°之间找到。当把 90°除以 8，就得到了重要的角度线。还可以把 90°除以 3，得到 30°或 60°角度线，在研判时间与阻力位时，它们也很重要。

4.7　从何种底部开始绘制角度线或中值点的连线

日线图表：如果个股已经下跌了一段时间，随后开始反弹（这里所说的从某个底部开始的反弹，指的是随后会逐日形成更高的底部和更高的顶部）。接下来，在含有最高价与最低价的日线图表上，出现一轮 3 日反弹之后，就能以底部或低点为起点，绘制 45°角度线和 2×1 角度线。一般来说，最初只需绘制这两条角度线。如果该底部维持住了并且没有被跌破，那么就可以以该底部为起点绘制其他的角度线。

周线图表：如果个股正在下跌，并且回调时间超过了 1 周，然后继续下跌了 3 周或者更长时间，随后开始反弹，并且上涨了两周或更长时间，那就要以这轮下跌的低点为起点，绘制角度线。当个股再次跌破 45°角度线之前，可以只使用 45°角度线上方的角度线（正方形左上侧的角度线）。当 45°

角度线被跌破，就会用到正方形右下侧的角度线，也是市场走熊时用到的角度线（不一定是熊市）。

4.8 以底部为起点的45°角度线被跌破之后，应该做什么

无论是临时性的顶部，还是其他类型的顶部，当个股筑顶之后，跌破了45°角度线，并开始继续下行，此时首先要做的是，以底部或低点为起点，作出45°角度线下方的角度线，如图4-4所示的例子。

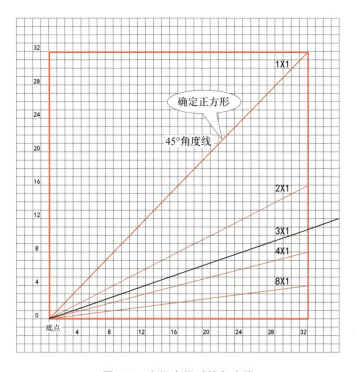

图4-4 市场走熊时的角度线

正方形右下侧的第一条角度线2×1：在正方形右下侧作出的第一条角度线，也叫2×1角度线。它表示的是每天、每周或每月以1/2个点的速度上升，对应的角度是26¼°。当个股跌破45°角度线后，这条2×1角度线是第一条支撑角度线。原则上，当个股触及这条角度线时，常常会得到支撑并反弹。有时候，也会在这条角度线上停留很长一段时间，维持在这条角度线上，并

形成更高的底部。然而当这条 2×1 角度线被跌破之后，或者说每天、每周或每月的上升速度小于 1/2 个点时，就需要作出下一条角度线 4×1。

下一条重要的角度线 4×1：在正方形的右下侧，下一条重要的角度线是 4×1 角度线。它可以表示每天、每周或每月以 1/4 个点的速度上升，对应的角度是 15°。它也是个股获得支撑，并开始反弹的下一条强有力的支撑角度线。

下一条角度线 8×1：当 4×1 角度线被跌破后，应当在图表上绘制出的下一条重要角度线是 8×1 角度线。它表示每天、每周或每月以 1/8 个点的速度上升，对应的角度是 7½°。通常它也是一条非常强有力的支撑角度线。当个股经历了一轮大幅下跌后，可能会好几次停留在这条角度线上；或者在形成最终底部后，可能从该角度线开始上涨。当上涨并突破其他角度线时，可能再次回到强势的状态。因此，在一轮长期的下跌后，在月线或者周线图表上运用该角度线是很重要的。

16×1 角度线：这条角度线通常用于月线图表，适用于从某个重要的底部开始经历了很长一段时间之后的情况。16×1 角度线表示每月以 1/16 个点的速度上升，对应的角度是 3¾°。

3×1 角度线：这条也是一条非常重要的角度线，对应的角度是 18¾°。强烈建议无论何时都要使用这条角度线，并且在月线图表上，以所有重要的底部为起点，绘制该角度线。有时也可以用到周线图表上，但是在日线图表上很少有大的价值。它表示每天、每周或每月以 1/3 个点的速度上涨。通过在持续多年的月线图上绘制该角度线，很快就可以发现它的价值。同样地，在周线图表上绘制该角度线，也很快会发现它的价值。

以上是在任何时候，以任何底部为起点，要用到的所有角度线。

4.9 如何以日线、周线或月线图表上的顶部为起点绘制角度线

以顶部为起点绘制出的 45° 角度线下方的强弱形态：当个股筑顶之后，

下跌了一段合理的时间,如3天、3周或3个月,期间跌破了一些之前的底部,那就要以顶部为起点,作出向下的角度线。注意图4-5的例子,它是以顶部为起点,在45°角度线的下方绘制角度线的标准图。

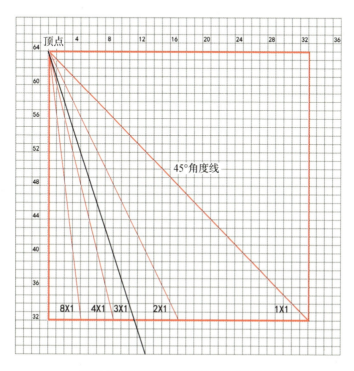

图4-5 熊市45°角度线下方的角度线

以顶部为起点的45°角度线:绘制的第一条角度线是45°角度线,它可以表示每天、每周或每月以1个点的速度下跌的趋势线。只要个股位于这条角度线的下方,就处于弱势的状态或者熊市中。

其他角度线:在许多情况下,个股可能会每天、每周或每月以平均8个点、4个点或2个点的速度下跌。因此,应当以顶部为起点,绘制比45°角度线移动更快的角度线。

最弱势的状态:当个股下跌时,维持在8×1角度线的下方,就处于最弱势的状态。第二弱势的角度线是4×1角度线,它表示每天、每周或每月以4个点的速度下跌。第三弱势的角度线是2×1角度线。

最强势的状态:当个股突破2×1角度线时,就处于更强势的状态,也表明可能将有一轮更大的反弹。但是，这还取决于从顶部下跌了多远以及与 2×1 角度线的距离。

趋势正在改变：只要个股每天、每周或每月正在以 1 个点的速度下跌，或是下跌到了 45° 角度线的下方，就仍处于熊市中，或者处于非常弱势的状态。当个股在一轮长期的下跌之后，反弹并突破了 45° 角度线，就要准备在 45° 角度线的另一侧绘制角度线。因为这一侧表明了个股在熊市中处于更强势的状态，并可能正在为转入牛市作准备。

4.10　以顶部为起点绘制出的45°角度线上方的强弱形态

参考图 4-6，它是在 45° 角度线的上方以顶部为起点绘制角度线的标准图。

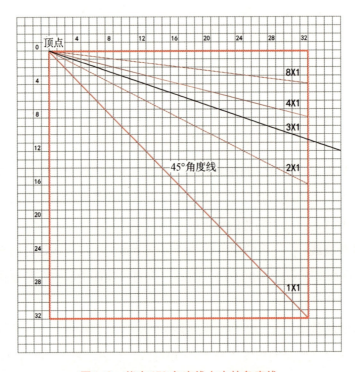

图4-6　熊市45°角度线上方的角度线

以顶部为起点的 2×1 角度线：当个股突破了以顶部为起点的 45° 角度

线,并且构筑了一个临时性的底部,接下来要作的第一条角度线是2×1角度线。它表示在一个时间周期单位内向下运动1/2个点,也就是说,每月、每周或每天以1/2个点的速度下跌。

4×1角度线: 下一条角度线是4×1角度线,它可以表示每天、每周或每月以1/4个点的速度下跌。

8×1角度线: 再下一条角度线是8×1角度线,它可以表示每8天、每8周或每8个月以1个点的速度下跌,即一个时间周期内下移1/8个点。

强势的状态: 当个股反弹突破了45°角度线,并且触及2×1角度线,这时可能会遭遇卖压,然后回调至某条角度线。该角度线是从上一轮运动的底部向上作出的某条角度线。如果个股维持在2×1角度线的上方,说明此时处于非常强势的状态。假如突破了4×1角度线,则更加强势。如果突破了8×1角度线,尽管比起其他角度线,它的重要性没么高,但也预示着自顶部以来,再次处于一种非常强势的状态。必须始终关注从底部开始的上涨运动以及相对于以底部为起点的角度线的位置,以便判断强势的程度。还要考虑价格已经从底部上涨了多少个点以及已经从顶部下跌了多少个点,这也是很重要的。

3×1角度线: 在图4-6中,3×1角度线可以表示每3天、每3周或每3个月以1个点的速度下跌,即一个时间周期内下移1/3个点。在长期的下跌之后,运用这条角度线也很重要。

以上就是在任何时候,以任何顶部或底部为起点,需要用到的所有角度线。在顶部或底部练习绘制这些角度线,直到彻底掌握绘制的方法,并确定自己完全理解它们。在此基础上,就可以根据价格在这些角度线上的位置,研究判断趋势的交易规则。

4.11 双顶(底)和三重顶(底)

交叉的角度线: 当几天、几周或几个月的时间出现了双底时,就要以接近同一个价位附近的底部为起点,绘制角度线。例如,以第一个底部为起点，绘制一条45°角度线，并且以第二个底部为起点，绘制一条2×1角度线。当这两条角度线交叉时，需要注意在这个交叉点附近可能就是趋势变化的重要点位。

注意图4-7的图表，以第一个底部"底1"为起点，作一条45°角度线以及45°角度线右侧的2×1角度线。接下来，以第二个底部"底2"为起点，作一条45°角度线以及45°角度线左侧或看涨方向的2×1角度线。这条2×1角度线表示每天、每周或每月可以赢利2个点。注意，以"底2"为起点的2×1角度线与以"底1"为起点的看跌方向的2×1角度线，相交于48附近。当价格跌破了这两条角度线时，趋势发生了改变，价格将会走得更低。

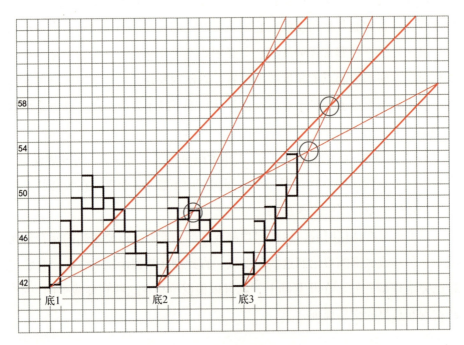

图4-7 平行的角度线（三重底）

注意，以第三个底部"底3"为起点看涨方向的2×1角度线，与以"底1"为起点看跌方向的2×1角度线，相交于53½附近。同时，又与以"底2"为起点的45°角度线相交于58附近。在这个位置附近需要关注趋势的变化。

在图 4-7 中，对这些以不同的底部为起点所作的角度线的交叉点进行了画圈标示。

在双顶或三重顶中，也可以运用这些规则。注意这些顶部或底部，并不需要精确地处在同一价位，只需处在同一价格区间附近即可。记住，对所有重要的顶部或底部，都要作 45° 角度线。

4.12　平行的角度线

以重要的顶部或底部为起点，也可以作角度线的平行线。前面已经强调过，45° 角度线是最重要的，因此，应以所有重要的顶部或底部为起点，绘制 45° 角度线。当个股开始上涨时，先以底部为起点，作一条 45° 角度线。之后个股筑顶，接着下跌，形成更高的底部，然后又上涨，形成更高的顶部。就以第一个顶部为起点，作一条 45° 角度线。这两条 45° 角度线是平行的角度线。在以底部为起点的 45° 角度线与以第一个顶部为起点的 45° 角度线之间，形成了振荡区间或者波动区间。通常情况下，个股可能会上涨到以第一个顶部为起点的 45° 角度线，但难以突破；接着下跌，并停留在以底部为起点的 45° 角度线；接下来再次上涨，并在这两条 45° 角度线之间，形成一轮长期的牛市行情。

当这两条 45° 角度线行进得很远时，可以在这两条角度线之间作另一条等距的 45° 角度线。当个股开始反弹时，它也常常是一根强有力的支撑角度线。但若跌破了该角度线，就会跌至下一条平行的底部 45° 角度线。

2×1 角度线或 4×1 角度线，也可以像 45° 角度线一样，形成平行线。这种情况通常发生在一轮缓慢运动的市场中。

4.13　以0点为起点绘制几何角度线

当个股触底之后，开始上涨，前面已经介绍了以这个精确的低点为起点绘制角度线的方法。这也展示了时间周期层面的支撑。然而，其他的角度线也会与之同样重要，有时还可能更重要。那就是以0点为起点所作的角度线。它们的上升速度可以与以底部为起点的角度线保持一致。但起始点的横坐标需要与底部在同一条竖线上，只是角度线的起点从0点开始。每当个股筑底后，就可以绘制这样的角度线，尤其是在周线或者月线图表上。在日线图表的重要运动上，也可以绘制这样的角度线。例子可以参考图4-8。

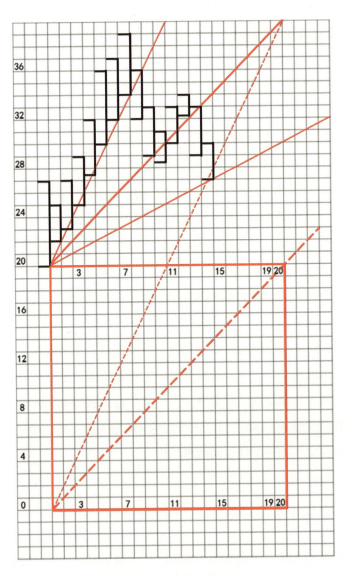

图4-8　以0点为起点作的角度线

如图 4-8 所示，当个股在 20 点的位置形成了最低价（实际底部），图中这条从 0 点作出的 45° 角度线，指示了该股何时可能回到 20 点。答案是：从最低点或者起始点开始，经过 20 天、20 周或 20 个月就可能到达 20 点。换句话说，从 0 点开始，经过 20 天、20 周或 20 个月就可能涨到 20 点，也就是先前底部的位置。然后该角度线以同样的速度，继续向上延伸。股价实际上先跌破了以实际底部 20 点为起点作出的 45° 角度线。然后又跌破了以实际底部 20 点为起点作出的其他角度线。这时，下一个重要的支撑就是以 0 点为起点所作出的 45° 角度线。当这条角度线被跌破时就处于最弱势的状态，并且预示着价格将大幅走低。但这还取决于股价有多高，以及跌破以 0 点为起点的 45° 角度线时，已经下跌了多少空间。这些以 0 点为起点所绘制的角度线，尤其是 45° 角度线，指示了价格与时间在何时是平衡的，或者说从底部开始，该股何时会形成正方形。

4.14　当顶部形成时从 0 点作角度线

在日线、周线或月线图表上，当个股形成了极限顶部，趋势掉头向下时，应当以 0 点为起点，从顶部形成的确定日期，作一条向上的 45° 角度线。它可以指示时间周期与价格在何时组成正方形。当个股跌回至该角度线时，它是非常重要的，通常表明了趋势的改变。由于这是一个强有力的支撑角度线，当它被跌破时，预示着价格将大幅走低。

在前面的例子中，分别介绍了以底部或顶部为起点作 45° 角度线，以及在底部或顶部的时间周期内以 0 点为起点作 45° 角度线。但这并不意味着无须使用其他的角度线，也可以使用其他的以 0 点为起点的角度线。其中，45° 角度线是最重要的。当 45° 角度线被跌破后，还可以使用其他的角度线。在实际应用之前，无须提前画出所有角度线。但是，在持续多年的月线图表上，当价格开始靠近某些位置并可能跌破时，或者可能在某些位置获得支撑时，就需要作出相应的角度线。

以顶部或底部对应的 0 点作 45° 角度线：从顶部或底部对应的 0 点向上

作出的45°角度线是非常重要的。同样地，当个股到达极限最高价时，对于趋势的变化来说，它也是非常重要的。

分别以最重要的底部、第二重要的底部和第三重要的底部对应的0点为起点，作45°角度线及其他角度线，尤其是在这些底部之间的时间距离很远的情况下。还应以第一重要的顶部、第二重要的顶部和第三重要的顶部对应的0点为起点，作45°角度线，尤其是在这些顶部之间的时间距离很远的情况下。这些都是周线图表和月线图表中最重要的角度线。

永远不要忽视以0点为起点绘制的角度线。因为这些角度线指示，从顶部或底部开始，在何时会与价格形成正方形。而当以某个底点为起点所作的45°角度线被跌破之后，这些角度线可能会是下一个支撑位置。这类支撑位置只能通过以0点为起点作角度线的方式来指示。

回顾过去的记录，绘制这些角度线，同时使用不同的顶部、底部与时间组成正方形，这样就可以检验运用角度线的巨大价值。

4.15 以同一个底部为起点作两条45°角度线

正如之前所解释的，在月线图表上，45°角度线表示每月以1个点的速度上升或者下跌。参考图4-9中的例子。

图4-9中的底点位于52点，之后上涨到顶点63点附近。以底点52点为起点，向上作一条45°角度线。当价格触顶之后开始下跌，然后在59点附近跌破了这条向上的45°角度线。注意，在图4-9中，以底点52点为起点，又向下作了一条45°角度线。当跌破了向上的45°角度线之后，价格朝着向下的45°角度线运动，大致向下运动了16个点的距离。假设个股笔直地往下跌，那么就可能触及向下的45°角度线。

注意图4-9中的走势，该股继续下跌直到40点的位置，停留在了以底点52点为起点向下的这条45°角度线上，表明这个位置可能是强有力的支撑点。之后可能至少有一轮临时性的反弹，尤其该股已经从顶部63点下跌了23个点的情况。在第5章中还介绍了22½～24点是强有力的支撑。

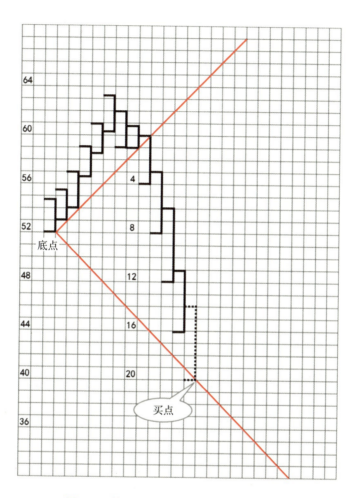

图4-9　从同一底点出发作两条45°角度线

4.16　从一个顶部到下一个顶部的角度线

参考图4-10的例子。

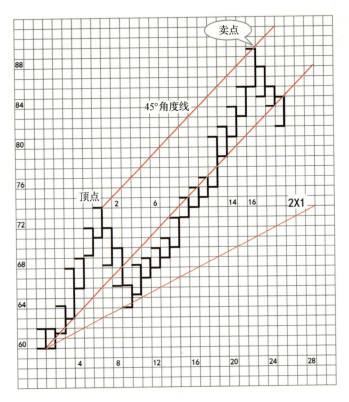

图4-10 移动到下一个顶点作角度线（月线图）

图中所示案例为月线图，该股从底部60点开始，经过6个月的时间，上涨至顶部74点。图中在74点的位置标记了"顶点"。随后回调3个月，至64点附近。尽管跌破了45°角度线，但于以底部60点为起点的2×1角度线附近止跌。接着又开始上涨，并突破了以底部60点为起点的45°角度线。由于站稳了该45°角度线，表明此时处于较强势的状态。由于此时进入了新的高价区间，为了研判可能会在什么位置附近遇阻，图中以顶点74点为起点，又作了一条45°角度线。从底部60点开始，上涨至90点，大约花费了22个月的时间。此时，触及了以顶点74点为起点的45°角度线。从74点的顶部至90点，大约经历了16个月的时间，上涨了约16个点。这个位置恰好是从顶部74点开始，上涨的时间与价格形成了正方形。以顶点74点为起点的45°角度线是强有力的阻力位置，也是一个卖空点，同时要把止损设置在该45°角度线上方1~3个点。随后开始下跌，并在第三个月从84点附近跌破了以底部60点为起点的45°角度线,这时仍处于高价位置。换句话说,从底部60点上涨了约24个点,说明处于相对弱势的状态,毕竟距离支撑的基点已经很远了,预示着还可能下跌至以底部60点为起点的2×1角度线。

不要忽略这条交易规则:如果个股先是上涨到了新的高价位置,然后又下跌到老顶74点附近,那么这里可能会是支撑点,除非跌破这个位置3个点。假如真的跌破了3个点,甚至还跌破了2×1角度线,就将处于更加弱势的状态。此时,应关注的下一个支撑点和反弹点位于底部64点附近。

4.17 以第一轮陡直下跌的底部为起点作的角度线

当个股已经上涨了一段时间,然后筑顶并停留在顶部几天、几周或几个月,随后掉头向下,并出现一轮陡直且剧烈的下跌时,在此首轮下跌后,总会出现一轮反弹。通常这轮次级反弹会形成更低的顶部,然后再次走低。首轮下跌的底部是非常重要的,以它为起点,可以作向下的角度线,尤其是向下的45°角度线,如图4-11所示。

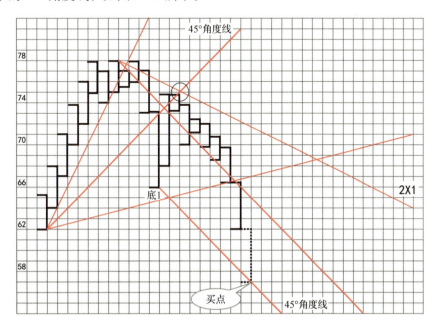

图4-11 从第一轮陡直崩跌的底部作出的角度线

在图4-11中，个股从底部62点上涨至78点附近后，出现一轮陡直且剧烈的下跌，至66点附近，图中标记为"底1"。随后反弹至75点附近，这个位置刚好处于两条角度线的交叉点附近：一条是以最后底部62点为起点向上的45°角度线；另一条是以顶部78点为起点向下的2×1角度线。次级反弹的顶部75点处于非常弱势的状态。然后继续下跌，触及以首轮下跌的"底1"为起点向下的45°角度线。这里恰好是从"底1"的66点开始，下跌的时间与价格形成了正方形，也是为了后续反弹而可以买进的位置。通常个股会下跌至以"底1"为起点向下的45°角度线略微下方的位置，如果能够在这条角度线附近停留几天或者几周，此时就可以买进等待反弹。

在月线图表上，也要以首轮陡直下跌的底部为起点，向下作一条这样的角度线，因为在后面的行情中，它经常会变得非常重要。

当个股已经上涨了一段时间，随后出现一轮持续2～3天、2～3周或2～3个月的陡直崩跌，接着又反弹，然后又跌破了首轮陡直崩跌的低点，这表明主要趋势已经掉头向下，还将继续走低。

针对以下情况也要运用同样的交易规则，即当个股已经下跌了一段时间，随后出现一轮持续2～3天、2～3周或2～3个月的陡直且快速的反弹，接着又回调，然后上涨突破了首轮反弹的高点，这是还会继续走高的信号。

4.18　牛市或熊市中的最后一轮摆动

在牛市中，以市场开始最后一波上涨时的底部为起点作出的角度线是很重要的，如图4-12所示。

在图4-12的例子中，注意标为"前底"的位置。在这轮牛市的最后阶段，市场快速从62点上涨至84点附近。图中以"前底"62点为起点，分别作了向上的2×1角度线（每天、每周或每月赢利2个点）和45°角度线。当跌破2×1角度线时，表明趋势已经掉头向下。然后继续下跌至45°角度线附近的"底1"。在该45°角度线稍作停留，便向上反弹，形成了第二个更低的顶部"顶2"。之后在跌破该45°角度线后，陡直下跌，最后在以"顶1"为起点向下的45°角度线附近止跌。这里恰好是从"顶1"84点开始,下跌的时间与价格形成了正方形,即时间等于价格。可以在这个位置附近买进,做好价格反弹回2×1角度线的准备,并在45°角度线下方设置2～3个点的止损,正如图4-12中显示的那样。

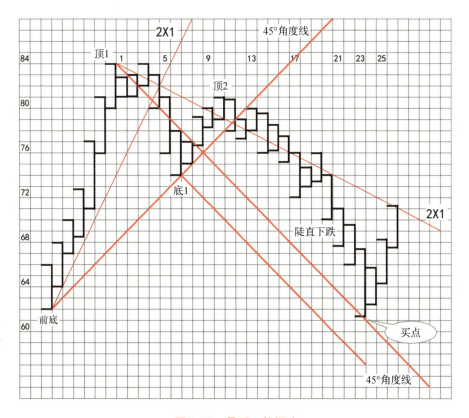

图4-12 最后一轮摆动

在非常活跃且快速运动的市场中,个股可能还会停留在以"前底"为起点作出的4×1角度线或8×1角度线的上方。但在日线和周线图表上,若陡直的角度线(如4×1角度线)被跌破,就表明趋势已经掉头向下。

始终要记住,在一轮长期的上涨之后,当主要趋势掉头向下时,比起与趋势抗争去买进,等到反弹再卖空更安全。

在一轮熊市的尾声或陡直下跌时,要把所有这些规则反过来运用。注意市场何时从前一个顶部开始下跌,观察跌向底部的最后一轮运动也是很重要的。

在个股已经上涨很长一段时间之后，最后的运动会存在许多动能，因而可能会突破以之前的顶部或底部为起点所作的角度线，然后又跌回到这些角度线的下方，这是市场疲软的信号。当个股在陡直下跌后开始筑底，可能会跌破某些重要的角度线，随后快速反弹至这些角度线的上方，表明正在进入强势的状态，趋势也会改变。

4.19　价格在角度线上的位置与强弱状态

比起日线图表上的角度线，月线和周线图表上的角度线更重要。因为日线图表可能会频繁地给出趋势改变的信号，然而月线和周线图表通常给出的是主要趋势的变化信号。

当个股跌破或者突破任意一条重要的角度线时，要始终考虑与起点的距离。无论是突破了以顶部为起点的角度线，还是跌破了以底部为起点的角度线，与起点的距离越远，趋势改变的信号越重要。

1. 何时处于最弱势的状态

当个股已经完成派发，并且在周线或月线图表中，跌破了以某个重要的底部为起点所作的45°角度线时，就处于最弱势的状态。当跌破任何重要的顶部与重要的底部之间的中途点时，也处于最弱势的状态。时间周期越长，价格越高，就越弱势。

例如，当个股上涨到150点附近，在周线或月线图表上，以某个极限低点为起点作了一条向上的45°角度线。若跌破该45°角度线，即使仅下跌了25个点，该股仍处于非常弱势的状态。因为这轮运动距离中途点太远了，使得25个点便组成了时间与价格的正方形。

当个股依次跌破 3/4 位、2/3 位或 1/2 位等，就会越来越弱势。但是，以底部为起点的角度线，给出了弱势的程度。当个股在牛市的最后冲刺阶段，跌破了以前一个底部为起点的最重要的角度线时，表明弱势初现。

2. 何时处于最强势的状态

在日线、周线或月线图表上，尤其是月线和周线图表，若个股始终维持在以底部为起点的非常陡峭的角度线的上方时,就处于最强势的状态。

在日线图表上,只要个股维持在 2×1 角度线的上方(即每天赢利 2 个点以上),就处于非常强势的状态。事实上,在日线图表中,只要维持在 45° 角度线上方,通常就处于强势的状态。同样的规则也可应用于周线和月线图表,这是重要的趋势指示器。

那些出现最大涨幅的股票,常常会在月线图表中持续停留在 2×1 角度线的上方,即连续很长一段时间每月能赢利 2 个点以上。有的股票会在 2×1 角度线上停留 10～15 次,但从未跌破该角度线,直到上涨 100 个点甚至更多。这样的股票价格会始终领先于时间,并且由于价格远在 45° 角度线的上方,因而始终停留在时间与价格形成的正方形内,因此处于非常强势的状态。但是,时间循环一定会有走完的时候,那时,主要趋势就会从牛市转为熊市。跌破以前一个底部为起点的重要角度线,表明趋势已经改变。

还有一个强势状态的信号,即当个股先上涨,运动到前一轮价格运动的中途点的上方,并停留在中途点附近。换句话说,该股上涨突破了中途点后,回调并没有跌破中途点。这与停留在 45° 角度线上的效果是差不多的,也说明处于强势的状态。

3. 最有利的买进点

最有利的买进点是当个股停留在 45° 角度线上时,注意要在角度线的下方设置止损。

另一个买进点是在价格运动的中途点,注意也要在中途点的下方设置止损。

当主要趋势向上时,在周线或月线图表上,若个股回调至 2×1 角度线(即每个时间周期赢利 2 个点),也是安全的买进点。

4. 收复或突破角度线

记住,在日线、周线或月线图表上,当个股跌破以某一轮运动的极限最低价为起点作出的 45° 角度线时,就处于弱势的状态,表明还将跌向下一条角度线。然而,如果能够收复 45° 角度线,就处于更强势的状态。

该规则同样适用于以任意顶部为起点向上作出的 45° 角度线。在日线、周线或月线图表上，当个股突破了这条角度线后，停留在该角度线上或者其左侧的任意一条角度线上方，都处于非常强势的状态。

一旦个股在跌破任何一条重要的角度线之后，又回到该角度线上方，或者在突破了任何一条重要的角度线之后，又跌回到该角度线下方，强势与弱势的状态发生了变化，使得趋势也再次改变。

4.20　新上市股票的角度线

当个股新上市交易时，如何判断其趋势是很重要的。因为此前股价没有波动过，就没有顶部或底部可以作为角度线的起点。为了研判趋势，可以使用 90×90 正方形（即垂直向上 90，水平向右 90），并且在正方形中，像标准图那样绘制所有的自然角度线。如前所述，90×90 的正方形非常重要，因为它是 360° 圆周的 1/4，而且由于 90° 角度线是可以使用的最大角度线，而其他所有角度线都能在 0° 角度线与 90° 角度线之间找到。

假如一只新股的开盘价在 18 美元或者任意低于 22½ 美元的价位，可以绘制一个 22½×22½ 的正方形来判断该股在角度线上的位置。假如新股的开盘价在 36 美元或者 22½ 与 45 美元之间，可以绘制一个 45×45 的正方形来判断该股在角度线上的位置。假如新股的开盘价在 50 美元或者 45 美元与 67 美元之间，可以绘制一个 67½×67½ 的正方形来判断该股在角度线上的位置。然而，对于开盘价在 90 美元以下的任意新股，都可以在 90×90 的正方形中得到角度线的正确位置以及强弱状态。假如新股的开盘价在 100 美元或者 90 美元与 135 美元之间，可以绘制一个 135×135 的正方形，或是绘制另一个 90×90 的正方形，但计数是 90～180。

4.21　纬度和经度

在所有图表上，无论是日线、周线还是月线图表，价格都会沿着垂直的角度线向上或向下运动。因此，价格运动就像纬度一样。在任何图表上，无论是日线、周线还是月线图表，都应以 0 点为起点作出重要的角度线和水平方向的阻力位，而阻力位可以用纬度来计量。

接下来，在水平方向上计算天数、周数或月数，并且在每条重要的自然角度线上，如 11¼、22½、33¾、45、56¼、67½、78¾、90、101¼、112½、120 等，画一条水平的角度线。然后，就可以知道价格何时可能到达这些重要的角度线，可能会遇到阻力。

经度测量的是时间。时间是以日、周和月为单位运动的，因此在图表上，必须从每个重要的顶部或底部开始记录经过的时间，以便根据角度线对时间进行计量。这些重要的角度线，如 11¼、22½、33¾、45、56¼、67½、78¾、90 等，以每个底部或顶部为起点，将表明价格与时间的最强阻力可能会出现在什么位置。这些角度线验证了平行线或交叉点。研究过去的记录，看一看月线图表上，当价格到达这些重要的角度线或时间周期时，都发生过什么。

例如，在图表中，以 0 点为起点，在向上数到 90 点的位置，画一条水平的角度线。然后向右数 90，再向下画一条垂直向下的角度线。两条角度线的交叉点位于（90，90）。通过构造这个 90×90 的正方形，可以帮助理解重要的时间循环会在何时走完。

假如个股在 60 点的位置，刚好是第 60 天、第 60 周或第 60 个月，就很可能遭遇很强的阻力，因为这里时间与价格形成了正方形。换句话说，价格的纬度与时间的经度是相等的。还可以将 90×90 的正方形用于日线、周线或者月线图表，从而使用自然的角度线。不过建议只在周线或月线图表中使用。这个 90×90 的正方形的起点，可以设置在任意底部或顶部。换句话说，可以从任意点开始，向上数 90 个点。还可以从 90 点、135 点和 180 点这些自然点开始计数。注意，要在极限最低价或者极限最高价的位置构造时间与价格的正方形，或在第二个更低的顶部、第三个更低的顶部、第二个更高的底部、第三个更高的底部等位置构造正方形。

4.22 在图表上记录时间周期的规则

在所有的图表上,记录时间周期是非常重要的。为了查看主要循环以及次要循环走到什么位置,以及趋势可能改变的信号,应随时确定角度线放在正确的位置。需要以每一轮重要运动的底部或顶部为起点,在图表上记录时间周期。

1. 始于底部的时间周期

当个股在某个月内,构造了底部,接着在下一个月,形成了更高的底部和更高的顶部时,或者当个股在形成了更高的底部后,反弹了一个月甚至更长的时间,应从底部开始计数。形成最低价的那个月,计为前一次向下的运动或者老底。将上涨的第一个月计为1,随着月份的数字增加,向右延伸。

例如,当个股筑底之后,上涨到50点的位置附近,回顾图表上的底部,发现此时正好处在第25个月,那么观察价格与以0点为起点的角度线的位置关系,此时刚好触及的2×1角度线(即每个月赢利2个点)。而45°角度线(即每个月赢利1个点)在同一时间周期刚好经过25点。如果个股在接下来一个月跌至50点以下,在图表上也会跌到2×1角度线的下方,这是还将进一步下跌的信号。回过头来,如果在图表上以底部开始记录的时间周期有误,将会导致角度线跟着出错。

2. 始于顶部的时间周期

当个股上涨并且形成了极限最高价,接着回调了几天、几周或几个月时,应以顶部为起点,绘制向下的角度线。然后必须从顶部开始,对时间周期进行计数。将底部的规则运用在顶部:形成极限最高价的当月、当周或者当日,计为前一次向上的运动或者老顶,在那之后开始计算天数、周数或月数。例如将出现顶点的那个月记为0,下一个月便记为1。可以每隔4个时间周期标记上数字,如4,8,12等,以便确定正确的位置。如果在所有的图表上,正确计算了时间周期,那么向下的角度线就能检查是否出错。

例如,当个股下跌了75个点,那么无论是在周线或月线图表上,角度线向下的空间都是一样的,除非空间的单位不同。假定图纸是以每1/8英寸表示1个点,那么以顶点为起点绘制向下的角度线时,可以检查是否画对了

2×1 角度线。如果下跌 75 个点需要 40 天、40 周或 40 个月，那么，表示每个时间单位下降 2 个点的 2×1 角度线，就会从顶点下跌 80 个点。通过观察 2×1 角度线与下跌到 75 点的位置，可以判断在作 2×1 角度线时是否滑动了尺子，从而导致画错了。

这种方法可以简单地判断是否正确画出了角度线，因为仅仅需要从底部做加法或者从顶部做减法。假如在上面的例子中，顶点是 150 点，下跌 75 个点后便剩下 75 点。以顶点 150 点为起点，作 2×1 角度线，在下跌到 75 点时，价格应当位于 2×1 角度线的上方。因为此时 2×1 角度线对应的位置是 70，即 150 点减去 40 个时间周期下跌的 80 个点。如果时间周期允许的话，这里可能是反弹的信号。

4.23 时间周期的计算起点

在含有最高价与最低价的月线图表上，时间周期最重要的计算起点，就是个股存续期内的极限低点，以及公司成立的日期或是在纽约股票交易所开始交易的日期。始终应以极限最低价为起点在图表上水平延伸来计算时间周期，正如重要的角度线也会持续延伸多年一样。

下一个重要的计算起点是第二个或第三个更高的底部。除非市场已经连续抬高或上涨 3~4 个月，否则不应认为某个底部已经构造完成。除非此底部看上去非常重要，才能以该底部为起点计算时间周期。

例如道琼斯工业价格平均指数，它在 1929 年 9 月 3 日到达了极限高点；随后在恐慌中陡直下跌，回到了 1929 年 11 月的低点。从这个低点开始反弹，并在 1930 年 4 月形成高点，这是非常重要的计算起点。因为它是一个次级顶部，也是牛市的最后一轮反弹。1932 年 7 月 8 日，在到达熊市的最后低点之后，一轮陡直反弹持续到 1932 年 9 月。此时到达顶部，接着出现一轮缓慢的下跌，并在 1933 年 2 月下旬到达底部，使其成为一个更高的次级底部。从这里开始，上涨到了新的高价区域。1932 年的底部，也是最重要的计算起点。而 1933 年 2 月的底部是下一个重要的计算起点。

◎ 精华笔记

案例中计算时间周期的起点，也可以在图 3-1 的基础上进行分析。

如图 4-13 所示，极限高点、次级顶部、最终底部和次级底部这四个位置对应的时间刻度，在计算时间周期时都可以作为重要的计算起点。

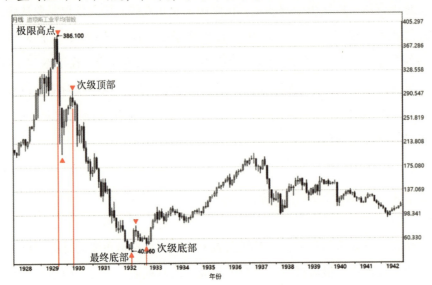

图4-13　计算时间周期的起点

这条规则也可以运用到周线和日线图表上的底部或顶部。只要重要的顶部或底部没有被跌破，就从这些顶部或底部开始延伸来计算时间周期。当任意次级顶部或底部被突破时，停止时间周期的计算。

停止从顶部或底部计算时间周期的规则是：当某个底部或顶部被突破 3 个点时，就应停止从该底部或顶部计算时间周期。

始终要注意极限高点与极限低点间距离的月数，还应注意顶部或底部突破了哪条角度线。

4.24　价格与时间形成的正方形

这是最重要也是最有价值的发现之一。如果严格遵守这条规则，并且始终关注个股的价格与时间形成正方形，即时间与价格走到一起时，就能更精确地预测趋势的重大变化。

时间与价格形成了正方形，指的是价格上涨或者下跌的点数与经历的时间周期在数字层面相等，不管时间周期是天数、周数还是月数。例如，个股花了 24 天的时间，上涨 24 个点。那么该股的价格便每天以 1 个点的速度上升，时间周期与价格处于相等的水平，也就是说，此时停留在 45° 角度线上。这时应重点关注趋势的改变。如果该股想要继续向上的趋势，并保持强势的状态，那就必须保持在 45° 角度线的上方，继续上涨。如果该股跌回到 45° 角度线的下方，就于 45° 角度线的看跌一侧形成了正方形，从而处于更加弱势的状态。若在日线图表上，时间与价格形成了正方形，还需查看含有最高价与最低价的周线和月线图表，观察是否仍处于强势的状态，以及时间周期是否已经走完。因为只要在周线和月线图表上，方向依然向上，那么日线图表一定会作出反应，例如恢复到某个位置，使得时间与价格多次形成正方形。市场的修正或调整，只是在小的时间周期形成正方形，后续的大型下跌或大型上涨才是在大的时间周期形成正方形。

1. 区间波动形成正方形

参考图 4-14，它显示了从低点 48 点到高点 60 点这 12 个点的区间形成的正方形。假设个股连续几周或几个月在此区间内上下波动，期间未曾上涨到底部上方 12 点，也从没有跌破该底部，那么就要从底部 48 点为起点，绘制向上的 45° 角度线，并让其延伸到区间的顶部 60 点。然后，若发现该股维持在这个区间运动，没有继续走高，就要使 45° 角度线向下，回到底部。接着再次回到该区间的顶部。要在这个区间内，不断地使 45° 角度线上升或下降，直到该股突破到新的低价区间或新的高价区间。可以发现，每当 45° 角度线触及该区间的顶部或底部时，趋势都发生了某种重要的变化。

还可以运用 45° 角度线右侧和左侧的 2×1 角度线，因为它们把时间周期再次分为两个相等的部分，也具有一定的价值。

当个股最终向上突破了这个区间，那就需要以新的更高的底部为起点，作向上的角度线。但是，进入新的高价区域的位置，或者在该区间内形成任何重要底部的位置,都是很重要的,尤其是最后一个底部。应从这些位置开始绘制向上的角度线。当该角度线被跌破时,或者当时间与价格再次形成正方形时,应该保持关注。不管是小型变化还是主要变化,对于趋势的改变来说,都是很重要的。

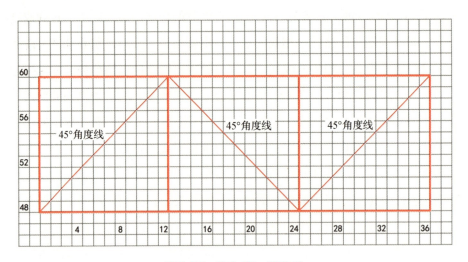

图4-14　多个12×12方形

2. 时间与价格形成正方形的三种方式

时间与价格形成的正方形,可以使用从极限最低价到极限最高价的点数,也可以使用时间与极限最低价,还可以使用时间与极限最高价成正方形。当市场跑出这些正方形,突破重要的角度线时,趋势就会掉头向上或向下。

(1)任何个股都可以在极限高点与极限低点之间的区间形成正方形,只要该股始终在同样的价格空间内运动。如果价格空间是25个点,那么时间周期25可以表示天数、周数或月数。只要该股在同样的价格空间内运动,就可以继续使用同一个时间周期。

(2)用底部或极限最低价与时间形成正方形。下一个重要的正方形是,任意一轮重要下跌的最低价或底部与时间形成的正方形。例如,个股在25天、25周或25个月结束时,底部是25点。在这个位置,时间与价格是相等的。然后要关注的是,从底部或者最低价开始趋势的变化。只要该股维持在底部上方，继续上涨，通常需要关注的是时间周期的延伸。每次跑出正方形时都需要注意。当到达时间周期的第三个正方形、第四个正方形，甚至第七个正方形、第九个正方形时，尤其要注意。这些正方形只会频繁出现在日线或周线图表上。因为在月线图表上，多数情况下都会在某个底部形成正方形7次或9次之前，便向上或向下脱离价格空间。然而，个股在狭窄的区间内停留多年的情况，有时也会发生。

（3）用顶部或极限最高价与时间形成正方形。另一个重要的正方形是，个股的极限最高价与时间形成的正方形。在日线、周线或月线图表上，时间周期必须从高点开始水平延伸，而且必须注意顶部的价格与时间形成的正方形，并用其观察趋势的变化。如果个股顶部是50点，那么当运动了50天、50周或50个月时，就到达了价格与时间的正方形，这预示着趋势即将出现重大变化。可以根据角度线距离顶部或底部的位置来确定。例如道琼斯工业价格平均指数，1929年9月3日的高点386点，需要386个日历日才能使得价格与时间相等，对应的是1930年9月23日。回顾图表，注意趋势是如何变化及逆转的。接下来，在1931年10月14日，该周期再次走完。1932年11月4日，该周期再次走完。然后是1933年11月25日、1934年12月16日、1936年1月6日，查看这些日期，就会发现当时间周期386天与价格386点达到平衡时日线图表出现了哪些重要的趋势变化。

当正方形不断形成时，必须关注所有时间周期内的主要顶部或主要底部、次要顶部或次要底部。在所有顶部和底部中，最重要的是含有最高价与最低价的月线图表上的极限最高价。该价位可能会非常高，因而可能会花费很长一段时间才能使价格与时间形成正方形。在这种情况下，需要把价格分成8个相等的时间周期，并且注意最重要的位置，如1/4位、1/3位、1/2位和3/4位。不过，所有位置中，最重要的还是时间等于价格的时间刻度。

在观察个股的强弱时，当偏离某个底部或者顶部的正方形之后，要始终关注时间周期以及反向的角度线。如果市场在接近某个最低价并且跑出了顶部的正方形，观察它与底部的关系。当处于底部的第二个正方形或者第三个正方形时，便是趋势改变的双重信号。

3. 时间周期为周线的正方形

一年包括 52 周，这个时间的正方形是 52×52。因此，可以绘制一个宽 52、高 52 的正方形。以 0 点为起点，绘制所有的角度线。然后在这个正方形内，标出个股的周线最高价和周线最低价。例如，个股的最低价为 50 点，那么这个周正方形的顶部就是 52 点加上 50 点，这样，正方形的顶部就是 102 点。只要该股保持在 50 点以上，并且向上运动，就会在这个 52×52 的周线正方形内运动。反过来，如果该股形成顶部之后，向下走低，就要从顶部开始绘制向下 52 个点、横跨 52 个时间周期的周线正方形。

绘制 52×52 的正方形，可以研究任意股票过去的运动。注意第 13 周（即时间的 1/4 位）、第 26 周（即时间的 1/2 位）、第 39 周（即时间的 3/4 位），以及个股到达时间与价格的重要阻力点时可能发生的趋势变化。还应注意这些时间刻度附近的趋势变化。

4. 时间周期为月线的正方形

当个股跌破某条 45° 角度线时，若价格正处于第 135 个月的计数 135，那么，跌破的是加倍的阻力位，即一条强有力的角度线及一个强有力的自然阻力位。这就是时间和空间在阻力位或角度线达到了均衡，后续可能迎来一轮大幅下跌。在熊市的尾声，要把这条规则反过来运用。

在月线图表上，12 个月就是 1 年。因此，对于计算月线图表上的时间周期，12 的平方数是非常重要的。12 的平方是 144，在距离个股底部或顶部 12 个月的时间刻度上，经常出现重大的变化。另外，12 的倍数，如 24、36、48、60、72、84、96、108 等，这些价格阻力位也会有所帮助。当个股在价格层面到达这些重要的阻力位时，要注意与角度线的相对位置以及动态表现。

第 5 章
时空循环的交叉点
05

◎ 导读笔记

1. 在理解构造价格与时间的正方形基础上，本章主要从"可能会遇到阻力"的角度，列举了与自然法则有关系的数字。

2. 做交易进行操作时，无论是买还是卖，背后都是跟数字打交道。先低买后高卖，或者先高卖再低买，都存在赢利的空间。江恩的交易方法非常重视"何时见何价"。无论是何时还是何价，本质上都与数字有关。熟悉本章提到的这些数字，实战中需提前将数字对应的价格、时间等结果计算出来，关注可能会遇到阻力的时间或价格。

• • • • • • • •

下面给出的阻力位置都基于自然法则，可以用于时间和价格的测算。个股在上涨或下跌的过程中，或是从顶部到底部的过程中，在这些点位很可能遇到阻力。主要运动的顶部或底部，以及次要运动的顶部或底部，都由阻力位置形成的。

5.1 自然阻力位与时间循环点

人类最初学习计数时，很可能使用的是自己的手指，从一只手数到5，到另一只手再数到5。然后再数脚趾，从一只脚数到5，到另一只脚再数到5，5加5等于10，10加10等于20。总之，就是用数字5和10做加法和乘法。计算原理还出现了十进制，可以帮助人们计算5年循环、10年循环、20年循环、30年循环和其他的年度循环，以及其他的阻力位置。就像货币的单位是1.00美元，计算股价的基础是100美元（即面值）。因此，对于顶部、底部、买进点和卖出点来说，1/4位、1/8位、1/16位都很重要。

若使用100为基数，下一个重要的位置是25、50和75，即1/4位、1/2位和3/4位。接下来，最重要的位置是33⅓和66⅔，即1/3位和2/3位。再下一个重要的位置是1/8位（及其倍数），即12½、37½、62½和87½。再下一个重要的位置是1/16位（及其倍数），即6¼、18¾、31¼、43¾、56¼、68¾、

81¼ 和 93¾。

由于 9 是最大的数字，因此，对于时间和空间的阻力位置来说非常重要。与数字 9 成比例的重要位置有 9、18、27、36、45、54、63、72、81、90、99、108、117、126、135 和 144。要注意，这些位置中有许多都与其他的阻力位相一致，也与 12 主控图所给出的重要阻力位一致，原因是 12 等于 9 加上 9 的 1/3。

由数字 9 形成的次重要阻力位置是各个 1/2 位，如 4½、22½、31½、40½、49½、58½、67½、76½、85½、94½、103½ 等。只需将 9 的 1/2（即 4½）与 9 的倍数相加。

下一个重要的阻力位置是由数字 12 和 12 的倍数形成的。由于一年有 12 个月，所以这些阻力位也是非常重要的。并且这些位置与其他计算阻力位置方法得到的结果很接近，例如以 100 为基数或者以 9 为基数计算得到的阻力位，以及 360° 圆周的分割位。以 12 为基数的重要阻力位置有 12、18、24、30、36、42、48、54、60、66、72、78、84、90、96、102、108、114、120、126、132、138、144，以及在 12 主控图（或者 12×12 正方形）上的其他阻力位。很多个股在顶部或者底部的价位可能会与 12 的倍数接近。

把 360° 圆周进行几何切分，既可以证明所有阻力位置出现的原因，也可以很精确地测算时间、成交量和空间。重要的圆周切分方式有 2 等分、3 等分、4 等分、5 等分、6 等分、8 等分、9 等分和 12 等分。

先将 360° 圆周分成两份，得到 180°，这是最强的阻力位，因为它是重心或 1/2 位。它等同于 180 个月（即 15 年），也是 20 年循环的 3/4，30 年循环的 1/2，所以非常重要。

然后将 360° 圆周分成四份，得到 90°、180°、270° 和 360°。它们是非常重要的，因为分别等同于 7½ 年、15 年、22½ 年，即 30 年循环的 3/4。另外，在日线、周线和月线上，也可以指示重要时间循环的开始或结束的重要阻力位置，尤其是当时间和价格同步来到附近的情况。

下面将 360° 圆周分成三份，得到 1/3 位对应的 120°，2/3 位对应的 240°。它们分别等同于 10 年循环和 20 年循环，当然，360° 等同于 30 年循环。

将 360° 圆周除以 12，可以得到这些重要的位置：30°、60°、90°、120°、150°、180°、210°、240°、270°、300°、330° 和 360°。其中，150° 和 210° 非常重要，因为 150° 与 180° 距离 30°（即 30 个月），而 150° 是 120° 与 180° 之间的 1/2 位，210° 是 180° 与 240° 之间的 1/2 位。

在将 360° 圆周除以 12 之后，下一组重要的位置是通过除以 24 得到的。原因是一天有 24 个小时，等同于地球每小时运转 15°，24 小时运转 360°。因此，可以得到下面的位置：15°、30°、45°、60°、75°、90°、105°、120°、135°、150°、165°、180°、195°、210°、225°、240°、255°、270°、285°、300°、315°、330°、345°、360°。再将 15 除以 2，得到 7½。把 7½° 与前面的位置相加，就能得到许多其他的阻力位置。例如，7½° 加 15° 得到 22½°，这是圆周的 1/16。再如，将重要位置 150° 加 15° 得到 165°，它是 150° 与 180° 之间的 1/2 位，而 180° 又是最重要的角度线。还可以用同样的方式，对重要位置与 7½° 或 15° 做加法，得到其他重要的位置。

此外，还可以将 360° 圆周除以 8，得到位置 45°、90°、135°、180°、225°、270° 和 315°。其中，135° 非常重要，因为它与 180° 距离 45°。315° 也非常重要，因为它与 135° 相差 180°，与 45° 距离 90°。

下一组测算时间与阻力的重要位置可以通过将 360° 圆周除以 16 得到，分别是 22½°、45°、67½°、90°、112½°、135°、157½°、202½°、225°、247½°、292½°、315° 和 337½°。

将 360° 圆周除以 32 得到的位置也很重要，原因是结果与 12 主控图测算循环接近，还与月份接近。这些位置有 11¼°、33¾°、56¼°、78¾°、101¾°、123¾° 等，它们都是 11¼° 的倍数。

重要性最低的圆周划分是把 360° 圆周除以 64，即得到 5⅝°，亦即 11¼° 的 1/2。尽管重要性没有那么高，但在接近主要循环的尾声时，顶部或底部位置可能会在这些位置附近：5⅝°、16⅞°、28⅛°、39⅜°、50⅝°、61⅞°、73⅛°、84⅜°、95⅝°、106⅞°、118⅛°、129⅜°。这些位置都是其他重要位置的 1/2 位。例如，22½° 是 45° 的 1/2，11¼° 是 22½° 的 1/2，5⅝° 是 11¼°

的 1/2。

把 360° 圆周除以 9 也非常重要，毕竟 9 是最大的数字。这些位置有 40°、80°、120°、160°、200°、240°、280°、320°、360°。它们都是非常重要的阻力位置，同时也与其他计算阻力位置方法得到的结果一致。

把上面的位置再分别除以 2，可以得到 20°、40°、60°、80°、100°、120°、140°、160°、180°、200°、220°、240°、260°、280°、300°、320°、340°、360°。这些位置对于个股的时间循环划分很有效，也可能作为月线的顶部或底部位置。测算时间循环的重要阻力位置时，还可以将前面这些位置与 12 主控图综合使用。其他重要的位置也可通过将 360° 圆周，分别除以 2、4、8 来计算。

假如愿意花时间回顾任意个股在过去 10～30 年的走势，查阅所有的重要顶部和重要底部，可以发现在上面提到的这些位置，会出现很多时间与空间的"二维巧合"。在最高价与最低价的周线图上比在月线图上可以找到更多。因为周线图上的很多顶部和底部并没有在月线图上体现。然后再看日线图，还能找到更多在月线图上看不到的细节。

研判月线运动时，把一年除以 4 是很重要的，因为得到了季节变换或者四个季度，它们又等同于时间维度的 90° 或者 90 天，容易遭遇强阻力位。每 3 个月、6 个月、9 个月和 12 个月都应关注是否出现变化。大多数个股会在 12 个月的周期尾声出现重大变化。下一个重点是把一年除以 3，切分出第 4 个月、第 8 个月和第 12 个月，这些也是观察的重点。把一年的 52 周也除以 4，切分出第 13 周、第 26 周和第 39 周，它们同样是观察趋势改变的重要时间点。再把 52 周除以 3 计算 1/3 位，得到的第 17～18 周和第 35～36 周，也被视为观察趋势改变的重要时间点。

在最高价与最低价的日线图和周线图中，当任意一轮重要的时间循环快要运行结束时，需要观察是否出现顶部或底部的信号。密切注意角度线，因为通过角度线可以研判趋势的改变。对于一轮空间幅度在 50 个点及以上的大行情，可以运用这条规则来研判趋势是否改变：在牛市的尾声，先是上涨了最大的幅度，若后续调整的空间超过了先前的上涨，表明趋势正在改变；

在熊市的尾声，先是下跌了最大的幅度，若后续反弹的空间超过了先前的下跌，表明趋势正在改变。另一个方法是利用大行情的运动空间的 1/12 位。例如，个股已经上涨了 144 个点，除以 12，得到 12 个点。可以拟定的规则为，当个股在上涨之后，回调了 12 个点，表明上涨趋势已经接近尾声，尤其在首次回调 12 个点之后，每次的上涨幅度越来越小。在整个上涨趋势中，有的个股回调不会超过 1/4，还有些可能会回调 1/3，甚至有的回调 1/2。因此，从行情启动时就需要提前做计算。例如从最后一个底部开始，观察市场是否反弹至 1/2 位、1/4 位或者 1/3 位。以主要底部或者主要顶部为起点，也可以使用这种计算方法。

5.2 以数字的平方估算时间和阻力位

个股在上涨或者下跌时停留的价位，都属于某种重要的数学点。可以通过 360° 圆周划分、12 主控图、20 方形以及某个数字的平方或中途点来找到。

任何顶部或底部的价格都可以通过数学来确定。然而每一轮市场运动都是由某种原因造成的。一旦找到原因，就很容易理解为何会出现这样或那样的结果了。

一切都朝着重心、顶底之间的中途点或者某个重要阻力位置的方向运动。例如，将 360° 圆周除以 2，得到 180°；除以 4 就得到 90°；然后用 90° 除以 2，得到 45°；用 45° 除以 2，得到 22½°；用 22½° 除以 2，得到 11¼°；用 11¼° 除以 2，得到 5⅝°；用 5⅝° 除以 2，得到 $2\frac{13}{16}$，这是将圆周用作时间周期的最小划分。每一个位置都是某种重要圆周划分的一半。

个股按照不同的时间周期来运行，它们可以是不同数字的平方、不同数字的三角点、底点的平方、顶点的平方，以及不同正方形的中途点等。因此，依据这些数字来研究阻力位置是很重要的，概述如下。

数字的平方。每个数字的平方以及任意数字平方与下一个数字平方之间的中途点，都非常重要。

例如，2 的平方是 4。3 的平方是 9。4 与 9 之间的中途点是 6½。

4 的平方是 16。3 的平方（9）与 4 的平方（16）之间的中途点是 12½。

5 的平方是 25。16 与 25 之间的中途点是 20½。

6 的平方是 36。25 与 36 之间的中途点是 30½。

7 的平方是 49。36 与 49 之间的中途点是 42½。

8 的平方是 64。49 与 64 之间的中途点是 56½。

9 的平方是 81。64 与 81 之间的中途点是 72½。

10 的平方是 100。81 与 100 之间的中途点是 90½。

11 的平方是 121。100 与 121 之间的中途点是 110½。

12 的平方是 144。121 与 144 之间的中途点是 132½。

还可以用同样的方法，计算 13 的平方、14 的平方，等等。

要记住，重点在于奇数的平方是奇数，偶数的平方是偶数。

当个股处于低价区域时，可能会在 2、4、6½、9、12½、16 等位置附近遇到阻力，从而形成底部或顶部。这些点位对时间周期也很重要，尤其是在月线图上。也要在周线图上留意这些点位。而当个股非常活跃，到达了高价区域，同时距离顶点或底点也有很长一段时间，就要在日线图上留意平方数对应的价位了。

5.3 重要的阻力数字——12～100

11～12：这是一个重要的阻力位置，无论是在时间维度还是价格维度上。原因是数字 12 可以等同于 12 个月，而 11¼ 是 360 的 1/32 以及 22½ 的 1/2。

15 和 16：下一个重要的阻力位置是 16，即 4 的平方。数字 15 也很重要，因为它等同于 1¼ 年。

18：在时间和价格两个维度上，18 都是一个重要的阻力数字，因为它是 9 的两倍，是 1½ 的 12 倍，也是 360 的 1/20。

20½：它是 16 与 25 之间的中途点，因此有时会很重要。

22½ 和 24：22½ 是 360 的 1/16，也是 45 的 1/2。个股常常会在第 23 个月附近形成顶部或底部，原因就在于处在 22½° 角度线的位置。

24 和 25：它们非常重要，因为 24 是 12 的两倍，而 25 则是 5 的平方，也是 100 的 1/4。

26：考虑到 4 的平方是 16，4 的下一个偶数是 6，6 的平方是 36。16 与 36 之间的中途点是 26，有时会成为时间或价格的重要阻力位置。

27 和 28：重要顶部或重要底部经常会出现在第 27～28 个月附近，而主要行情或次要行情也常常在这个阶段结束。原因是 4 乘以 7 等于 28，同时 28 是 2⅓ 年；3 乘以 9 等于 27，同时 3 的任何倍数都非常重要，因为 3 是奇数里面第一个其平方大于本身的数字，毕竟 1 的平方还是 1。

30：任意中途点或重心都是很重要的。数字 30 对于趋势变化来说，也是一个重要的时间周期，因为 30½ 是 5 的平方（25）与 6 的平方（36）之间的中途点。

34～36：33¾ 是 45 的 3/4。回顾一下大萧条后的熊市底部在 1932 年 7 月，与 1929 年的顶部距离了 34 个月。留意第 34～36 个月是否出现趋势变化，始终很重要。由于 36 是 6 的平方，使得 36 是一个强有力的阻力位置。另外，36 也等于 3 乘以 12，即 3 年的结束点，这是它容易出现强大阻力的又一个原因。

39 和 40：以色列人在荒野中游荡 40 年。食物保质 40 天。40 个月等于 3⅓ 年。45 的 7/8 是 39⅜。40 是 360 的 1/9。这些使得 39 和 40 两个数字对于时间周期和价格阻力位置很重要。

42：它是在时间和价格维度的下一个重要阻力数字。一年有 12 个月，42 等同于 3½ 年，也是 7 年循环的 1/2。此外，42½ 是 6 的平方（36）与 7 的平方（49）之间的中途点。

45：这是所有数字中的主控数字，因为它涵盖了数字 1～9。45° 角度线把 90° 角划分为两份，使得 45° 成为重要的重心。45 是 360 的 1/8，还等于 5 的 9 倍。快速上涨或快速下跌经常会在第 45 个月发生。在制作的任何正方形图表中，都可以找到 45° 角度线和 90° 角度线，或是与这两条角度线等价的角度线。另外，注意数字 45 在九方图、20 方形或者 12 主控图中出现的位置，这些可以证明数字 45 的重要性。可以利用 45 来测算价格、时间、空间以及成交量等。

48 和 49：对于趋势变化，它们是强有力的重要数字。49 等于 7 乘以 7，即 7 的平方；而 48 则是 4 乘以 12，即 4 年的结束点。个股在下跌到 49～50 点时经常会遇到阻力，并从该位置开始出现一轮大幅反弹。类似地，个股在上涨到 49～50 点附近时，会在该位置附近遇到阻力，并回调至 45 点附近。

50：它的重要之处在于，50 是 100 的中途点。如果把 5⅜加上 45，得到 50⅜。

52：数字 52 有一定的重要性，原因是一年有 52 周，而且 51⅜接近 360 的 1/7。52 个月是 4⅓年，52½是 45 与 60 之间的中途点，这些令其在观察阻力位置时很重要。

56 和 57：它们非常重要的原因是 56¼等于 45 加 11¼，同时它也是 45 与 67½之间的中途点。56½是 49 与 64 之间的中途点。

60：它是观察阻力位置非常重要的数字之一。数字 60 是一个重要的时间周期，因为 60 个月等于 5 年，即 10 年循环的 1/2，20 年循环的 1/4。60 还是继 45～49 之后，最重要的时间周期之一。60 是 360 的 1/6。还可以使用数字 3 的规则，20 乘以 3 得到 60。60 是 180 的 1/3，也是 45 与 75 之间的中途点。观察上涨或者下跌到 60 点附近的个股，如果在该位置停顿了几天、几周甚至几个月，那么可以研判在此位置存在阻力，后续可能发生反转。

63～64：62½是 100 的 5/8。63 等于 7 乘以 9。64 是 8 的平方，64 个月是 5⅓年。这是 60 之后下一个应当注意的重要点位。

66 和 67：66 是 5½年，即 5½乘以 12。67½是 45 加上 22½，即 360 的 3/16。

70～72：70 年是 20 年的 3 倍再加 10 年，这是人的正常生存年限。70 等于 7 乘以 10，也等于 20 的 3½倍。而 72 个月等于 6 年，72 是 8 的平方（64）与 9 的平方（81）之间的中途点。72 是 360 的 1/5，也是 12 的平方（144）的一半，它是一个非常重要的时间周期。

78～80：这两个数字都很重要，因为 78¾是 90 的 7/8；80 等于 4 乘以 20，也是 40 的两倍。80 是 360 的 2/9。9 的平方是 81。这些位置附近可能会出现巨大的阻力，循环的结束或者开始也经常会发生在这些月份数附近。

84～85：它们是强有力的阻力位置，因为84⅜是90的15/16，84等于7乘以12，84个月等于7年。个股通常在到达第90个月或者价格到达90点之前，可能会在此附近遇到巨大的阻力。当个股跌破90点之后，84～85点在90点下方，是首先可能会遇到阻力的重要位置。

89和90：数字90是所有位置中最强有力的，因为它是一条垂直的角度线，并且是360的1/4。90½是81与100之间的中途点，即9的平方与10的平方之间的中途点。在活跃的市场中，在到达第90个月、第90周或第90天时，可能会发生直上直下的剧烈运动。第90个月是最重要的，但第90周也相当重要。

始终要注意，第89个月可能会出现顶部或底部，以及重大的趋势变化。许多重要的行情都开始或结束于第89个月；还有一些则会运行到第91个月。

在日线图上，（趋势）变化经常出现在第92～93天，但在发生重大变化之前，经常会运行到第98天左右。在日线图上要留意这个重要的位置。

95～96：96等于8乘以12。95⅝等于90加上5⅝，对于价格和时间的变化，都是相当强有力的阻力位置。当重要的时间循环出现在第96～98个月时，经常可能会发现重大的趋势改变。因为96个月等于8年，从第9年开始新一轮的循环。第9年总是很重要的，极限最高价或极限最低价的出现，标志着重要行情的结束。

股价经常会上涨到95～97点，但无法到达100点；随后通常会下跌到97～95点，并遇到强有力的支撑，然后反弹并突破100点。

99～100：很重要，因为100是10的平方，99等于11乘以9。100是一个"心理数字"，公众倾向于在此处附近买进或是卖出，或者主观希望价格会到达这个位置。股价经常会来到99点，但无法触及100点；也经常会下跌到99点，然后再次上涨。

研究所有这些重要的平方数、重心或中途点，以及数字12以上的平方，正如360°圆周图表上显示的那样。所有这些数学点都可以帮助研判趋势的变化和阻力位置。

第6章
江恩时间预测法

06

◉ 导读笔记

1. 江恩的时间预测法背后是朴素的自然法则，表现形式为周期循环。一周有7天，7乘以7是49。数字49经常预示着重要的转折。

2. 江恩的时间预测法并不是精确的，而是通过经验性的数字，提前关注市场运动。

• • • • • • • •

市场中的每一轮运动都是自然法则的结果，在结果发生之前原因早就存在，甚至还可以提前很多年去预判以后的市场运动。未来不过是过去的重复。

由于自然法则中的作用力与反作用力，事物都是以周期循环的方式运转。通过研究过去，可以发现未来可能会重复什么样的循环。

6.1　预测月线的运动

可借用年线的运动规律来预测月线的运动。

将重要的底部加3个月，再加4个月，一共加7个月，计算次要底部和回调位置。

大型向上摆动后的回调，通常不会持续两个月以上，在第三个月就会向上。这与年度循环的规则相同：前两年下降，第三年上升。

在极端的市场中，一轮回调有时仅持续两周或三周，随后便恢复上涨。以这种方式上涨的市场，可能会持续上涨12个月，期间每个月都不会跌破底部。

在牛市中，小型趋势可能会逆势向下运行3～4个月，随后反转并跟随主要趋势前行。

在熊市中，小型趋势可能会向上运行3～4个月，随后反转并跟随主要趋势向下。一般来说，熊市中的个股反弹上涨的时间不会超过两个月，第三个月时可能跌破老底，继续主要趋势向下。

6.2 预测周线的运动

周线的运动会给出接下来重要的小型趋势变化，这些变化有可能被证明是主要趋势变化。

在牛市中，个股经常会向下运行 2～3 周，也可能是 4 周，随后便会逆转，并再次跟随主要趋势向上。原则上，在第三周的中间时段，趋势会掉头向上，并且第三周会以更高的价格收盘，也就是说，个股仅与主要趋势的方向背离运动约 3 周时间。某些情况下，趋势变化直到第四周才出现，然后便会逆转，并在第四周以更高的价格收盘。在熊市中要反过来使用本条规则。

当市场快速运动且伴随巨大的成交量时，在出现小型趋势逆转之前，一轮运动可能会持续 6～7 周。还有些情况，如 1929 年的快速运动，持续了 13～15 周（约 1/4 年）。这属于高潮性的上涨或下跌。

鉴于一周有 7 天，7 乘以 7 是 49，即 7 周时间，数字 49 经常预示着重要的转折。因此，应当在第 49～52 天附近，注意是否出现顶部或底部。然而，有时在第 42～45 天就开始发生变化，因为 45 天大约是一年的 1/8。还要注意，在第 90～98 天可能会出现顶点。

当市场已经下跌了 7 周时，后续可能会出现两周或三周的横向运动，随后便掉头向上，这与月线的规则中趋势变化通常出现在第三个月相一致。

要始终注意个股的年度趋势，记住当下正处于牛市年还是熊市年。当月线图显示趋势为向上的牛市年时，多数时候个股会先回调 2～3 周，随后休整三周或四周，接着迈进新的价格区间，继续上涨 6～7 周。

当个股筑顶之后，又回调了 2～3 周，可能还会上冲 2～3 周时间，但是价格不会超过前一个顶部。随后会持续几周时间，停留在交易区间内，此时既不会突破区间顶部的最高价，也不会跌破区间的最低价。遇到这种情况，可以在最低价附近买入，并设置 1～3 个点的止损做保护；或者在最高价附近卖出，也要设置 1～3 个点的止损。然而，更好的交易计划是等待明确的趋势信号出现之后再进行买入或者卖出，例如当市场突破了交易区间的最高价或者跌破了交易区间的最低价。

6.3 预测日线的运动

日线的运动会给出最初的小型变化，尽管这些变化可能只是周线循环或者月线循环的一小部分，但日线运动遵循与周线和月线一样的规则。

当市场快速运动时，可能仅会背离主要趋势反向运动两天，第三天便继续跟随主要趋势的方向前行。

通常情况下的日线运动，可能在趋势反转后只会运行7～10天，之后便继续跟随主要趋势前行。

在月历中，自然的趋势变化通常会出现在下面的日期附近。

    6—7日 14—15日 23—24日
    9—10日 19—20日 29—31日

这些小型运动通常伴随个股的底部或顶部出现。

在以下的时间点注意趋势是否改变：距离上一个顶部或者底部30天左右，距离上一个顶部或者底部60天、90天或者120天左右，距离上一个顶部或者底部180天（即6个月）左右。尤其6个月是非常重要的，有时会出现重要运动的变化。另外，距离重要的顶部或者底部270天左右，也需密切注意小型趋势或者重要趋势是否改变，还有330天左右的时间点也要加以注意。

1. 1月2—7日和15—21日

每年在此日期内需要特别留意，并记录最高价和最低价。如果这期间的最高价被突破，考虑趋势可能已经向上；或者这期间的最低价被跌破，也要考虑趋势可能已经向下。

很多个股经常会在1月初筑底，可能直到当年的7月或8月才会跌破这期间的最低价，甚至全年都不会跌破。在熊市或者主要趋势向下时，这条规则同样适用。1月初形成的最高价，经常会是一整年的最高点，或者要到7月或8月之后才会被突破。

2. 7月3—7日和20—27日

与1月份类似，7月份通常也是大多数股票支付股息的月。不少投资者经常会在7月初买进股票。注意观察这期间的顶部或者底部是否出现趋势变化。可以找图表多作复盘，观察个股如何从1月的顶部或者底部过了180天左右，在7月份附近发生趋势的改变。

6.4 如何对一年划分周期

将1年除以2，得到6个月，即反向点或180°角度线，约等于26周。

将1年除以4，得到3个月，即90天或90°角度线，也是1/4年，大约13周。

将1年除以3，得到4个月，即120°角度线，也是1/3年，大约17周。

将1年除以8，得到1½个月，即45天或45°角度线，大约6周。这也表明为何第7周总是很重要。

将1年除以16，得到22天，大约3周。这也解释了为何市场仅向上或者向下运动3周就可能发生逆转。原则上，当任何个股出现连续四周收盘价持续抬高的情况时，后续还可能创新高。第五周也非常重要，趋势可能发生改变，如快速向上或者快速向下。此外，数字5还可能是第五天、第五周、第五个月或者第五年。换句话说，在不同级别的时间周期内，数字5都可能出现快速上涨或者快速下跌。

6.5 牛市或熊市的日历年

研究最高价与最低价的年线图，并回溯较长的时间，就可以看到牛市到达顶点的年份以及熊市启动与结束的年份。

每十年或者十年循环（即100年的1/10）通常标志着一轮大行情。数字1～9很重要。普通人要做的就是用手指数数，以便确定市场正处于其中哪个年份。

数字 1：它是开启新的一轮十年循环的年份，例如熊市结束了，牛市启动了。参考 1901 年、1911 年、1921 年。

数字 2：也可以说是第二年，通常是小型牛市的一年，或者熊市中的反弹将在某个时间开始的一年。参考 1902 年、1912 年、1922 年、1932 年。

数字 3：熊市开始，但是在到达顶点之前，从第二年开始的反弹可能会持续到 3 月或者 4 月，又或者从第二年开始的下跌可能会持续到 2 月或者 3 月。参考 1903 年、1913 年、1923 年。

数字 4：也可以说是第四年，通常是一个熊市。但熊市循环可能在此期间结束，并为后续的牛市奠定基础。参考 1904 年、1914 年。

数字 5：第五年通常是市场回升的一年，甚至是非常强劲的牛市。参考 1905 年、1915 年、1925 年、1935 年。

数字 6：第六年通常是一个牛市年，从第四年开始的牛市行情，可能于该年的秋天结束，随即开启快速下跌。参考 1896 年、1906 年、1916 年、1926 年。

数字 7：它是一个看跌的数字。第七年通常是一个熊市年，原因是 7 年有 84 个月，而 84 是 90 的 7/8。参考 1897 年、1907 年、1917 年。但要注意 1927 年，这是一轮 60 年循环的结束，并没有下跌很多。

数字 8：第八年通常是一个牛市年。市场从第七年开始的上涨，在第八年来到了第 90 个月。这一年可能非常强势，通常可能会出现一轮大幅上涨。参考 1898 年、1908 年、1918 年、1928 年。

数字 9：它是最大的数字。第九年是所有牛市年份中最强的一年。最终的牛市行情可能会在这一年的极限上涨之后达到顶点，随后市场便开始下跌。而熊市通常会在第九年快要结束时（约 9～11 月开始）出现陡直下跌。参考 1869 年、1879 年、1889 年、1899 年、1909 年、1919 年 和 1929 年。1929 年是至今上涨最强的一年，牛市在这一年的秋天到达顶点，随后便出现了陡直下跌。

数字 10：第十年通常是一个熊市年。市场反弹常常在 3 月或者 4 月结束，之后便会剧烈下跌至 11 月或者 12 月。然后新的一轮循环开始了，市场又开始上涨。参考 1910 年、1920 年、1930 年。

上述提到的数字和年份，都是指的日历年。为了便于理解，可以仔细研究 1891—1900 年、1901—1910 年、1911—1920 年、1921—1930 年、1931—1939 年。

尽管十年循环不断地重复，但是上涨幅度最大的情况或者下跌幅度最大的情况，还有可能出现在 20 年循环的尾声或者 30 年循环的尾声，另外，也可能出现 50 年循环的尾声或者 60 年循环的尾声，这两个时间循环比其他周期更强。

6.6　预测时应牢记的重点

时间在所有的因素中是最重要的。任何大型向上运动或者大型向下运动，只能在酝酿了足够的时间之后才会启动。时间因素还会破坏空间与成交量这两个维度的平衡。一旦时间到了，无论市场是向上还是向下，空间运动都会开始，并且成交量也会放大。在任何重要运动的尾声，无论月线、周线还是日线，都需要时间进行派发或吸筹。

每只个股应独立分析，并依据从底部或顶部开始经历的时间和距离，综合研判趋势的方向。无论是 1 年循环、2 年循环、3 年循环、5 年循环、7 年循环、10 年循环、15 年循环、20 年循环、30 年循环、50 年循环，还是 60 年循环，个股都会基于自身的特征完成自己的循环。因此，要为每只个股制作周线图和月线图，再作研判。

在尚未分析每只个股的循环周期，从顶部或者底部开始的角度线，以及市场强弱形态之前，切记不要作出主要趋势已经改变的判断。

进行年度预测时，必须结合大的时间周期是否已经运行完毕来预测是否会发生反转。必须结合从顶部或者底部开始的时间维度的信号，以及成交量和几何角度线的位置。

日线图能给出的最初的短时变化，可能会运行 7～10 天。周线图能给出下一个重要的趋势变化。月线图的指示信号最强。要记住，在趋势转向之前，周线运动可以持续 3～7 周，月线运动可以持续 2～3 个月甚至更长时间，具体要根据年度循环而定。

年线的底部和顶部：个股是否每年都在形成更高的底部或是更低的底部，这非常重要。例如，如果一只股票已经连续 5 年形成了更高的底部，随后的一年却形成了更低的底部，这是一个信号，可能标志着市场会长期向下运行。当个股在熊市中连续几年都形成了更低的顶部，也可以利用同样的规则。

出现极限上涨或者极限下跌时，若市场的第一次反向运动，其幅度超过了前一轮运动幅度的 1/4 或 1/2，可以考虑趋势已经改变，至少暂时已经改变。

空间运动很重要，也需留意。当时间即将在某个方向上运行完毕，而空间运动表现出要回跌的距离超过从极限低点至极限高点之间的距离的 1/4、1/3 或 1/2 时，这表明主要趋势已经变化，即趋势发生了反转。

6.7 重要时间周期内的快速运动和顶点

回顾指数或是任意个股的月线图，观察曾经出现快速上涨和快速下跌的月份，以及计算从任意重要顶部或重要底部起始的月份数，这是很重要的。

要注意底部或顶部如何与常用的几何角度线以及 360° 圆周的比例产生关联的，见表 6-1。

表 6-1 常用角度线与圆周的比例

11¼	56¼	*90	123¾	168¾	213¾	247½	292½	326¼
22½	*60	101¼	*135	*180	*225	258¾	*300	337½
33¾	67½	112½	146¼	191¼	236¼	*270	303¾	348¾
*45	78¾	*120	157½	202½	*240	281¼	*315	*360

注：*表示非常重要。

这些角度线还可以测算时间周期。要始终注意，在距离任意重要顶部或重要底部 45 个月、60 个月、90 个月、120 个月、135 个月、180 个月、225

个月、240 个月、270 个月、300 个月、315 个月和 360 个月左右时发生了什么，因为这些角度线都非常强，也非常重要。例如，45°角度线预示着可能出现强有力的顶点。

通过保留从重要顶部和底部开始的时间周期，可以知道重要的时间周期即将在何时结束以及在什么时间可能会发生趋势变化。此外还要留意，在 3—4 月、9—10 月和 11—12 月可能发生季节性趋势变化。

所有这些数据还可以帮助挑选出可能即将出现大涨的股票，以及可能即将出现大跌的股票。越多钻研，学到的知识越多，将会收获的赢利也可能越多。

6.8 纽约股票交易所永恒图表

该主控图是一个 20 方形，即长 20，宽 20，一共 400 个格子。它可以用来测量天数、周数、月数和年数，以及沿着强有力的角度线判断何时可能会形成顶部或者底部。正如图 6-1 显示的那样，该图表是按照 20 年循环运行的，因为它是个 20×20 正方形。

纽约股票交易所组建于 1792 年 5 月 17 日。因此，将 1792 年 5 月 17 日记为从 0 点开始。那么，1793 年位于数字 1，表示股票交易所组建 1 年。1812 年位于数字 20；1832 年位于数字 40；1852 年位于数字 60；1872 年位于数字 80；1892 年位于数字 100；1912 年位于数字 120；1932 年位于数字 140。

注意，1932 年对应的数字 140，即 7 乘以 20，它处在区域 7（即水平方向第 7 个格子对应的列）的顶部。这表明 1932 年是熊市的结束、一轮大循环的结束以及一轮牛市的开始。通过 1932 年 5—7 月出现的底部，可以观察到循环的结束。

还可以发现，20 主控图中的这些数字被切分成了相等的小正方形，例如穿过数字 10、30、50、70、90 等的小正方形。1802 年位于数字 10，1822 年位于数字 30，1842 年位于数字 50，1862 年位于数字 70。那么内战爆发时的 1861 年，对应数字 69，位于一条 45°角度线上。接下来，1882 年结束于 90°角度线上，且处在 1/2 位，即水平的 180°角度线上。

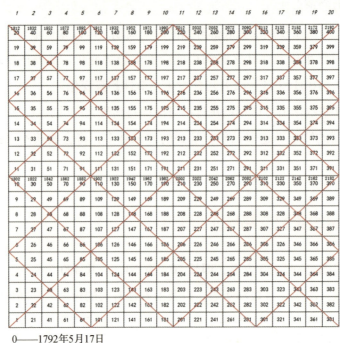

图6-1　江恩制作的纽约股票交易所永恒图表

还有 1902 年对应数字 110，也处于 1/2 位。还有 1921 年对应数字 129，也位于一条 45°角度线上。而 1922 年对应数字 130，也处于 1/2 位，这是牛市的第一年。

注意，1929 年位于数字 137，也触及一条 45°角度线。还有 1930 年对应数字 138，它位于纵向从下往上数的第四个小正方形的 1/2 位。这是一个强有力的阻力位置，预示着一轮陡直且剧烈的下跌。

1933 年位于数字 141，它处在区域 8（即水平方向第 8 个格子对应的列）的起点，还处于横向从左往右数的第二个小正方形的中心线上，预示着市场开始活跃，可能出现快速上涨或快速下跌。

继续观察，1934 年位于数字 142。1935 年位于数字 143，既触及了 45°角度线，还是区域 8 的一个中心点以及小正方形的中途点。这预示着市场即将非常活跃。

借用哥伦布发现美洲的历史，还可以从1492年10月12日开始使用该图表，将其记为0。那么，由于20方形代表了400年，在新的20方形中，数字400对应了1892年，而1932年位于数字40。

此20方形还可用于测算个股的时间周期和价格阻力位。

研究周数、月数和年数，并运用到这些重要的位置和角度线，可以从历史行情中探寻如何确定重要顶部或者重要底部。

第 7 章
如何利用时间预测法做交易

07

◎ 导读笔记

1. 本章介绍了如何利用江恩时间预测法来做交易。时间与价格两个因素中，时间是相对来说更重要的。分析指数通常用于研判市场的大环境与趋势方向，而做交易还是要落脚到个股上。

2. 在纸上练习做交易，是江恩介绍的模拟交易过程。它可以帮助投资者熟悉个人的交易习惯，找到容易犯错的图形与走势。毕竟做交易是主观的人与客观的市场之间的互动，图表分析只能得出客观的分析结果，实际操作"买"或"卖"时，容易受到市场及个人情绪的影响。

· · · · · · · · ·

分析市场运动时，时间是最重要的因素。通过研究指数或个股的历史记录，可以证明历史的确会重演。通过了解过去，可以预测未来。

远古时代，猎人在搜寻动物的巢穴时有一条规则：总是沿着动物的足迹倒推，这是到达动物巢穴的最短路径。对于做交易来说，学习掌握如何预测未来的市场运动，最快的路径就是研究过去。

时间和**价格**之间存在某种确切的关系。之前的章节里介绍过老顶或老底附近的**形态**和**阻力位**。本章通过研究时间周期和时间循环，可以了解为什么会在某些特定时间形成顶部或底部，为什么某些特定的阻力位置很强势，以及为什么底部或顶部会在这些阻力位置附近。

7.1 个股

尽管大多数活跃的领涨（跌）股都会跟随指数的趋势，但是不能光依靠指数的趋势来预测所有个股的趋势。个股并不会总是与指数同时筑顶或者筑底，但有很多个股形成顶部和底部的时间，会与指数到达顶点的时间非常接近。

指数给出了市场的总体趋势，但一些个股会朝向与总体趋势相反的方向运动。通过个股的最高价与最低价的周线图，以及在市场非常活跃时的最高价与最低价的日线图，可以预测个股的趋势并判断其是否会跟随指数的趋势。

单独考虑每只个股，并根据从底部或顶部起的时间和距离综合判断其趋势。即使处于同一个板块，个股还是可能与其他股票的运动不同步。个股从自身的基点、底部或顶部开始，可能以 1 年、2 年、3 年、5 年、7 年或 10 年循环独立运行。因此，单独研究每只股票，并运用所有交易规则来判断其未来进程，总是很重要。

7.2 节假日前后的趋势变化

回顾多年来的各种图表，可以发现经常会在节假日之前或之后，恰好发生趋势的变化。以下日期对于观察趋势的变化来说很重要。

1 月 2—4 日，1 月 7 日，或者新年的第一周。

2 月 12 日和 22 日。

3 月或 4 月——复活节前后。

5 月 30 日。

7 月 4 日。

9 月——劳动节或犹太假期。

10 月 12 日。

11 月 2—8 日——选举前后。

11 月 26—30 日——感恩节前后。

12 月 21—27 日——圣诞假期周。

7.3 开始交易前必须知道什么

掌握了全部的交易知识后，在做交易之前，确保自己（的分析过程和交易计划）是正确的。永远不要猜测（市场）。根据数学的信号进行交易。

必须熟练掌握如何运用所有的交易规则。必须清楚应在什么位置设置止损单。必须查看某一年处在哪一个循环中，这一年是一个牛市年还是熊市年，以及主要趋势可能向上还是向下。

做交易之前，无论是买进还是卖出，都需要分析个股在月线图中的位置，然后是周线图、日线图。如果这些图表都显示出上涨趋势，那就应该买进，但前提是已经确定在什么位置设置止损单。相反，如果年度循环显示当下处于熊市年，且月线图、周线图和日线图都指示了下降趋势，那就应当卖空。但是，必须找到最重要的位置，即把止损单设置在什么位置，才能距离关键参考点不超过3个点，可能的话距离还可以再近一些。

7.4 做交易前应查看什么

在买进或是卖出一只股票之前，必须考虑下面几个重点。

（1）时间循环。当年是牛市年还是熊市年，市场的主要趋势是向上还是向下。

（2）个股的循环。个股在当年是上涨年还是下跌年。

（3）月线图上，个股在从顶部和底部开始的时间周期中的位置。

（4）周线图上，个股在从顶部和底部开始的时间周期中的位置。

（5）阻力位。查看个股是否正在接近任何一个中途点、其他的支撑位或阻力位。

（6）研究所有形态。若个股在同一个水平位置附近停留了几天、几周或几个月，要研判是否已做好突破顶部或跌破底部的准备。

（7）查看成交量。观察个股在过去几天或几周内的成交量，是放大还是缩小了。

（8）查阅从先前的顶部或底部开始的空间运动或价格运动，并找出过去几周或几个月内的最大上涨幅度或下跌幅度。例如，个股已经有好几次回调了5个点，而在分析时发现，该股从上一个顶部仅下跌了3个点，且月线图、周线图和日线图均指示趋势向上，同时，价格也接近某个支撑位，那么可以设置 2～3 个点的止损单，执行买进。假如个股回跌超过 5 个点以上，即大于先前的回调幅度，则说明趋势改变了，应当卖空。

（9）永远不要忽略在进行一笔交易之前必须实际看到明确的标志信号这件事。

（10）最重要的是，（执行交易前）一定要明确止损单的位置，以便限制风险。

7.5　纸上交易练习

在确信已经掌握了所有的交易规则，并且知道如何研判个股的趋势和可以做交易的位置之后，为了强化信念、建立信心，应该先练习在纸上做交易，直到彻底懂得如何使用交易规则，以及何时使用这些交易规则。

如果在纸上交易时犯了错，那么大概率在实际交易中，也可能会在那个位置犯错，这说明还没有准备好（实战）交易。当感觉自己有能力开始（实战）交易时，就要运用所有的交易规则，并且只根据确切的标志信号进行交易。如果不能确定趋势方向、买进价格或是卖出价，也不确定应把止损单设置在什么位置，那就需要等待确切的标志信号出现。始终可以通过等待机会的到来而获利。在某种程度上，依靠猜测进场交易并亏损离场，是没有价值的。

7.6　何时平仓

开始（实战）交易时，例如按照交易规则执行买进操作后，除非出现下面的情况，否则不要平仓。一是市场来到交易规则指示的卖出位置，应卖出止盈；二是触及止损单，应止损卖出。同样地，按照交易规则执行卖空操作后，也应等待止盈，或者止损平仓。

交易成功之道是始终跟随趋势，直到趋势改变时离场或平仓。

7.7　何时应等待不要做交易

知道何时不要进场，与知道何时应该进场，是同样重要的事情。当发现个股已经在一个窄幅的交易区间内（比如5个点或3个点的区间）停留了一段时间，但尚未跌破之前形成的底部，也并未突破之前形成的顶部时，这就是不应进场交易的时间。

直到突破某个顶部或是跌破某个底部之前，个股可能会在某个交易区间内停留几周、几个月，甚至几年时间，期间不会出现任何大幅运动或趋势变化。个股通常会在一轮长期的下跌之后价格收窄，并在某个交易区间内停留一段时间。若个股在此位置不够活跃，就绝不应该交易。

7.8　遵循所有交易规则

记住，应遵循所有交易规则；要检查、再检查；研究不同级别的时间循环以预测行情；仔细观察阻力位；研究底部形态、顶部形态，以及底部与顶部之间的形态。如果忽略了任何重点，就可能会出错。

还要记住，整体永远不会超出各个部分之和，各个部分构成了整体。如果忽略了其中某条交易规则，就不会得到完整的预测法或者趋势指示器。

利用该方法是否能够取得成功，取决于是否做到了应该做的，是否研究并掌握如何运用交易规则，是否未掺进任何内幕消息和外部消息，以及是否未违背数学的信号。

一个人不愿意努力工作和研究，也不愿意提前为成功付出，永远也不会取得成功。

第8章
江恩内训版道琼斯工业价格平均指数的形态与买卖点解析（1903—1939年）

08

◉ 导读笔记

本章对道琼斯工业价格平均指数近 40 年的走势复盘分析，其讲解过程比江恩在《华尔街 45 年》一书中更为详尽，是理解江恩时空理论难得的学习资料。结合道琼斯工业价格平均指数对应的月线图、周线图和日线图，可以更好地理解江恩对行情的研判分析以及对买卖点的识别。

8.1 第二轮熊市

第二轮熊市从 1901 年 6 月 23 日开始，于 1903 年 11 月 9 日到达最终的低点。之后出现了一个持续到 1904 年 7 月 9 日的吸筹期。

1903 年　第二轮熊市的结束

7 月，指数接连跌破 53 点和 51 点，而且在这些位置附近没有出现反弹和支撑，表明此时非常疲软，市场将继续走低。在这些老底被跌破之后，应注意可能出现支撑和底部的位置是 42 点，即 1898 年 3 月 25 日的低点。

10 月 15 日，低点 42¼ 点。在老底得到支撑。随后指数出现两周的反弹，到达了 45½ 点。接下来是两周的下跌，在 11 月 9 日到达了 42⅛ 点，这是一个**双重底**，恰好高于 1898 年 3 月的老底 42 点。这里是可以利用近距离止损单的**买进时机**。[①]一轮反弹接踵而至，突破 45½ 点，高于过去三周的顶部。这是小型趋势已掉头向上，熊市已经结束的第一个信号。

回顾：从 1901 年 6 月的顶部 78¼ 点，到 1903 年 11 月 9 日的底部 42⅛ 点，第二轮熊市从高点 78¼ 点到低点 42⅛ 点，下跌了 36⅛ 个点。这轮熊市的最大反弹是从 59⅝ 点到 67⅞ 点，约 8 个点。因此，当指数上涨 9 个点，比最大反弹多 1 个点时，就可能是一轮牛市和安全买进的明确信号。

---

① 译者注：近距离止损单指的是通过记录行情数据，在到达老顶、老底或重要的点位附近时，可以实现买进或者卖出的位置距离止损单很近。

8.2 第三轮牛市

<u>1904 年　牛市启动前的横向吸筹</u>

1月27日，高点50½点，从低点42⅛点上涨了8⅜个点。尽管不足9个点，但证实牛市可能已准备启动。

2月6日，这一周跌破了前两周的低点，预示着一轮回调。指数未能触及51½～53点的各个老底，表明卖盘尚未结束。

次级回调，买进是安全的。

3月12日，低点46½点，从顶部下跌了4个点，相当于跌至42⅛点到50½点之间的中途点。这轮回调从顶部开始，持续了6周，并且在1½个点的区间内维持了8周；随后突破了过去三周的顶部，预示着可能创出新高。

4月7日，高点49⅞点，未能到达上一个顶部50½点，这是市场还没准备好上涨的一个信号。接着是一轮持续6周的缓慢下跌。

5月18日，低点47½点，6周时间仅下跌2⅜个点，表明卖盘极少；此外成交量也非常小。这是底部的沉闷。然后开始一轮缓慢的上涨，市场花了7周时间才突破顶部50½点。

最安全的买进点。

7月16日，指数突破51点并涨到了52½点，从底部涨了10个点以上，这轮上涨比之前熊市中的最大反弹8个点更多。从1903年11月9日到1904年7月9日，市场维持在8个点的区间内，其中绝大多数时间维持在4个点的区间内运动。这8个月是横向吸筹期，市场正在为牛市作准备。研究这段横向吸筹期，市场在低价水平的位置上方运动4个点，便于再遇到这种情况时，能够知道发生了什么。

1904年7月之后，市场上涨到老底53点；随后一周回调了1个点；接着继续上涨。在11月份突破了老顶68点。市场顺势上涨，没有回调，表明这是一轮强劲的牛市。下一个应注意的位置是老顶78～78¾点附近。

<u>1905 年</u>

3月13日，指数到达78¼点。

22日，回调至76½点。

随后穿越了各个老顶，在3月底之前涨到了80点。下一个（应注意的位置）是1895年9月4日的老顶84½点附近。

4月14日，高点83¾点，恰好低于84½点。市场在顶部2½个点的区间内，维持了3周；接着跌破了过去三周的底部，表明小型趋势已掉头向下，此时应已卖出所有股票。

5月12日，在老顶78点位置附近，未能筑底成功，预示着可能跌出新低。5月22日，指数来到71⅜点。以前有个在7月和8月间的老顶是72¾点。

6月3日，这一周指数突破了前一周的顶部，预示着可能创出新高。

低点71⅜点之后的四周，底部逐渐抬高。

6月17日和24日，这两周的高点是75¼点，接下来的一周指数突破了顶部，预示着可能创出新高。

11月，指数涨过了老顶84⅛点。随后回调至81点。然后继续上涨，再次突破老顶84½点。下一个（应注意的位置）是1892年3月和4月的老顶94½点。

12月，指数突破了96点；随后回调至94点，并在此维持了3周，在94点附近筑底成功且没有跌破94点，这是强势的上升趋势和市场继续走高的一个标志。在此位置趋势没有改变，周线的底部也没有被跌破。参考交易规则"当股票涨到新的高价区间"。

1906年　牛市的结束

1月19日，高点103点，牛市结束。此时比1892年3月和4月的老顶94½点高8½个点。当指数或个股来到100～105点时，几乎总会遭遇沉重的卖压。但当上涨超过了100点以上时，必须等待市场通过跌破前一周或前几周的低点给出已经形成顶部的信号。

1月27日，这一周在比103点略低1个点的窄幅区间内运动。

2月3日，这一周跌破了前两周的低点。跌回到了100点下方的98½点，表明小型趋势已经掉头向下。随后一周反弹，到达100½点，上涨了2个点。接下来的一周，跌破了98点，说明市场即将走低，也是一个更加明确的卖空标志。

回顾 1903 年 11 月至 1906 年 1 月的牛市。最大回调是从 1905 年 4 月到 1905 年 5 月，从 83¾ 点回调到 71⅜ 点，回调了 12⅜ 个点。因此，必须注意大于 12⅜ 个点的下跌，它可能表明主要趋势发生了变化。

8.3 第三轮熊市

1906 年　顶部下方的横向派发

3 月 10 日，这一周指数下跌至 92⅞ 点，下跌了 10 个点，并且跌破了过去四周的底部以及 94 点，预示着可能跌出新低。这是一个卖出信号。

下一周，反弹至 96¾ 点。

再下一周，回调至 93 点。

接下来的一周，反弹至 96¾ 点，形成了一个双重顶。而在 2 月 17 日和 24 日这两周，有两个 97¼ 点附近的顶部。因此，顶部 96¾ 点是很好的卖出信号。

一轮下跌接踵而至，并跌破了底部 93 点。

5 月 3 日，低点 86½ 点，从 103 点下跌了 16½ 个点。这轮下跌超过了之前牛市的最大回调 12⅜ 个点，表明主要趋势向下，熊市将随其后。而 1893 年 4 月 7 日的老顶 86¾ 点与 1905 年 4 月的顶部 83¾ 点表明该位置附近可能发生一轮反弹。参照交易规则，在第一轮陡直下跌后会出现一轮次级反弹，反弹后卖出是安全的。后续市场上涨了 5 周。

6 月 4 日，高点 95¼ 点，低于前几个顶部 96¾ 点，表明市场疲软。有一周时间维持在 1 个点的区间内，下一周就跌破了过去三周的低点，表明小型趋势再次向下。这是一个卖出信号。

7 月 13 日，低点 85¼ 点，仍然高于老顶 83¾ 点，且比 1906 年 5 月 3 日的低点 86½ 点低了约 1 个点，这是市场在此附近获得支撑并即将反弹的信号。

在 7 月 7 日和 14 日这两周，高点分别是 87⅞ 点和 87¾ 点。

21 日，这一周突破了 88 点，位于过去两周的顶部上方，表明小型趋势掉头向上，这是一个买进信号。下一周，快速上涨。

10月9日，高点96¾点，这是同一个位置附近的第三个顶部。这一周在小于1个点的区间运动，这是一个卖出并反手做空的信号。一个安全的卖出位置。下一周，跌破了过去三周的低点，也是一个安全的卖空位置。

11月17日，这一周的低点92⅜点。

12月15日，出现了一轮反弹。高点95¾点。

回调两周，低点93点。

接着反弹两周。

1907年

1月7日，高点96⅜点，第四次来到此位置附近，比前两次略高，但低于第三次10月9日的高点96¾点。这里是可以利用近距离止损单的**卖空时机**。

12日，这一周在3/4个点的窄幅区间波动，类似1905年10月份的情形。

19日，这一周跌破了过去三周的低点，后半周还跌破了次级底部93点。

2月2日，下跌至90½点。

接下来反弹两周，到达老底93¼点。最后反弹的顶部在5/8个点的区间内。小幅反弹的顶部沉闷且狭窄，是市场疲软的信号。

3月9日，这一周陆续跌破低点86⅜点和85¼点，这是市场强烈看跌的信号。一轮快速下跌接踵而至。

14日，鲜为人知的恐慌。当时活跃的龙头股，如联合太平洋、雷丁公司，在一天时间内崩跌了20个点。

根据交易规则，应在恐慌日回补空头头寸并买进多头。

14日，低点76¼点，刚好在老顶78点下方。

随后反弹至82点。

次级回调，买进是最安全的。

25日，市场在恐慌性下跌紧接一轮次级回调后，再次下跌至低点75⅜点。它比3月14日的低点76¼点略低，但相差不到1个点。这是一个双重底，也是可以利用近距离止损单的买进时机，尽管主要趋势向下。考虑到从牛市顶部103点下跌近28个点，并且从1907年1月的高点96⅜点也下跌了21个点，大概率会出现一轮反弹。

5月3日，高点85点，涨幅小于10个点。注意，从1906年7月低点85¼点到1907年1月高点96⅜点，反弹空间有11个点。应注意的位置是上涨空间在10～11个点的位置，趋势可能会改变。过去三周的顶部在84¾～85点，之后市场跌破了过去三周的低点，这是趋势已经掉头向下的信号，应卖空。后面市场继续走低，期间反弹很小，没有超过3个点。

8月，跌破75点，比1907年3月的低点更低。在该月又跌破了71点，比1905年5月的低点更低。市场处于非常弱势的状态。

参考交易规则，在熊市的最后阶段，随着市场越来越疲软，反弹也会越来越小。在1905年5月的低点被跌破后，应当如何预测阻力位、支撑位或底部？它们可能会出现在什么位置？

回顾：1898年10月，低点51½点；1900年6月，低点53½点；1900年9月，低点53点；1904年7月，在主要趋势掉头向上之后，最后的低点为52¼点；而1904年5月最后的底部为47⅜点。因此，下一个重要的位置可能在51½～53½点。

11月15日，由于恐慌形成的底部，低点53点，这是一个买进时机。

快速下跌的最后一周，下跌了4个点。

下一周，低点之后，市场在2个点的区间内运动。

再下一周，快速上涨，突破了过去一周的顶部55点。

小型趋势掉头向上，这是一个安全的买进点。

一个陡直的尖底，表明熊市已经结束。

回顾第三轮熊市：共四个阶段，或四段向下的运动。

本轮熊市中，最大反弹是11个点。因此，需要一段涨幅超过12个点的上涨，才能表明主要趋势已经掉头向上。

8.4 第四轮牛市

1907年

12月7日，这一周的高点为61¾点。

过去三周的反弹，上涨了 8¾ 个点，并不足以证明主要趋势已经掉头向上，因为指数必须上涨 12 个点。

17 日，低点 56⅞ 点。

两周回调，有 5 个点的空间。应买进，因为次级回调形成了更高的底部。

26 日，这一周在前一周的空间内窄幅波动。

1908 年

1 月 4 日，这一周突破了 60 点，位于过去三周的顶部上方。这是一个安全的买进点，因为趋势向上。

之后又突破了 62 点，高于前一次反弹的高点 61¾ 点，这是市场明确走高的信号。

18 日，这一周的高点为 65⅞ 点，低点为 64¼ 点。运动的空间有 1⅝ 个点，这是顶部窄幅波动的一周。下一周跌破了前一周的底部，预示着进一步的回调。

2 月 8 日，低点 58⅞ 点。从高点 65⅞ 点下跌了 7 个点。比 1907 年 12 月的低点 56⅞ 点多 2 个点，是第一个更高的底部。

15 日，第二个更高的底部，此时买进更安全。这一周的运动空间有 3/4 个点。下一周的运动空间有 1½ 个点，突破前一周的顶部，是更安全的买进点。由于恐慌形成底部之后，又构造了第二个更高的底部。

3 月 7 日，突破 62 点，比 1907 年 12 月的高点更高，也比 1908 年 1 月与 2 月之间三周内的多个顶部更高。

3 月 21 日，这一周穿越了 1908 年 1 月的老顶 65⅞ 点，这是市场走高以及牛市即将来临的明确信号，也是一个安全的买进点。假如已经在更低的位置买进，这里是一个再次跟进的安全点。

各个次级顶部被突破后，快速运动。

下一个应注意的回调位置在 1907 年 3 月的老底 75～76 点附近。市场没有回调，径直突破了这个位置，表明了上升趋势很强。

下一个应注意的位置是 1907 年 5 月的顶部 85 点附近。

8 月 10 日，高点 85⅜ 点。市场上涨得非常快，在到达顶部 85⅜ 点的同一周回调至 81⅝ 点，然后又反弹至 84½ 点。市场在更低的顶部持续了两周，表明在顶部下方存在大量卖盘。

9月19日，这一周跌破了过去四周的底部，表明小型趋势掉头向下，可能跌出新低。

9月22日，低点 77⅛ 点。从顶部 85⅜ 点下跌了 8¼ 个点。考虑到从 1908 年 1 月的高点到 2 月的低点，上一次回调有 7 个点，使得 77⅛ 点成为了一个不错的买进点，它比 1907 年 3 月的老底更高。此时距离次级顶部 84½ 点仅过了三周。

10月3日，这一周突破了前一周的顶部，此时买进更安全。继续上涨，并突破了老顶 85½ 点，预示着还可能创出新高。

11月13日，高点 88⅜ 点。此时牛市已经经过了三个阶段，或者三段向上的运动。

市场在顶部沉闷。一周的运动空间仅 1⅜ 个点。

下一周，跌破了前一周的低点，表明到达顶部后回调开始了。

市场在 86⅛ ～ 87½ 点的区间维持了 4 周。

下一周，跌破了过去四周的底部，预示着还可能跌出新低。

12月26日，这一周的低点为 83⅜ 点，恰好在老顶 85 点的下方。随后反弹至 87 点，接着两周在 87 点附近，在比老顶更低的位置筑顶。接着回调至 84⅛ 点。

1909 年

2月20日，这一周的高点为 86¾ 点，是第二个更低的顶部。

随后下跌并跌破了过去 7 周的低点。

23日，最后的低点 80 点。从 1908 年 11 月的高点 88⅜ 点下跌了 8⅜ 个点，与 1908 年 8 月高点至 9 月低点的回调点数相当，令此处是一个买进点。这是本轮牛市的第四次回调，但比起 1908 年 9 月 22 日的低点 77⅛ 点，是更高的底部，表明主要趋势仍然向上。接着反弹至 83¼ 点，然后回调至 81½ 点，又突破了 83½ 点，这是一个更安全的买进点。

5月，突破了 1908 年 11 月的顶部 88⅜ 点，并且没有回调。这是市场还将大幅走高的可靠信号。下一个应注意的位置是 1906 年和 1907 年的老顶 96¾～97½ 点附近。

7月，没有回调，突破了老顶。

8月14日，这一周的高点为 99⅛ 点。接着回调三周至 96 点。维持在老顶的上方，表明市场很强劲。

10月2日，高点 100½ 点，低于 1906 年的顶部 103 点。这是最终的顶部（final top）。

23日，回调的低点 95⅞ 点，与 9 月份的低点相同，也在老顶附近。

11月4日，高点 100½ 点，这是一个双重顶。下一周回调至 98½ 点。

19日，反弹至 100½ 点，这是第三个也是最后的顶部（last top），还是这轮牛市的结束。

回顾：从 1907 年 11 月 15 日的低点 53 点，到 1909 年 11 月 19 日的高点 100½ 点，上涨幅度为 47½ 个点。最大回调有 8½ 个点。最后的回调有 4¾ 个点。因此，当指数回跌了 5 个点以上时，它可能是趋势变化的第一个标志。当指数回跌了 9 个点以上时，可能是主要趋势已经掉头向下的信号。

8.5 第四轮熊市

1909 年

12月2日，下跌至 96⅝ 点，恰好在老底上方，且是第三次来到这个位置。接着是一轮反弹。

11日，高点 99 点，这是第四个更低的顶部，也是卖出信号。之后的三周，指数在小于 1 个点的区间内运动。

随后跌破了过去四周的底部。

1910 年

1月15日，这一周跌破了 96 点。这是第四次来到该位置附近，然后继续走低，反弹没有超过 4 个点，且反弹的持续时间仅为 10 天到 2 周。这是熊市中市场非常疲软的信号。

7月26日，低点73⅝点。陡直下跌的最后一周。从低点向上回升，收盘不错。本周的低点与1908年9月的低点77⅛点的距离不到5个点，与1907年3月的低点75⅜点的距离不到2个点。这是由于恐慌形成的底部，也是一个安全的买进点。

1910年　熊市第一阶段的结束

8月6日，这一周在76～78点的区间运动。下一周，指数突破了过去两周的顶部78点，表明趋势已经变化，此处是一个更安全的买进点。下面应用空间的规则。最大反弹或者次级上涨的空间有4¾个点，而1910年6月份的次级反弹有4¼个点。因此，如果趋势改变了，指数需要从73⅝点上涨5个点以上，换句话说，上涨到79点之上。

8月13日，这一周突破了79点，并且在8月17日上涨到了81½点，突破了过去三周的顶部。

9月6日，次级回调，低点78⅜点。下跌空间仅3⅛个点，市场变得沉闷且狭窄，连续四周在同一个位置附近形成了底部。市场在此位置获得支撑，也是一个安全的买进点。

10月1日，突破了过去五周的顶部，随后突破82点，位于老顶上方，表明上升趋势强劲。

10月18日，高点86点。参考在6月份的两个老顶86⅜点和86¼点。

10月29日，这一周跌破了前一周的低点。

下一周，反弹至85¾点。

接着跌破了过去三周的低点。

然后在一个窄幅的区间内维持了两周。

12月6日，陡直下跌，低点79⅝点，恰好在各个次级底部78⅜～78⅝点的上方，这是一个更高的底部，也是一个支撑和买进的位置。这轮下跌有5⅜个点。随后反弹至82点，接着回调至80½点，形成一个更高的底部。然后突破了82点，预示着可能创出新高。

1911年

2月4日，高点86点，与1910年10月18日的顶部处于同一个位置。这是一个双重顶和卖出位置。随后在一个窄幅区间内维持了3周。

3月4日，下跌至 $81\frac{7}{8}$ 点。

之后两周，反弹至84点。

4月22日，下跌至 $81\frac{1}{4}$ 点，在同一个位置附近形成了两个底部，都在1910年12月的低点 $79\frac{5}{8}$ 点上方1个点以上，表明市场在此获得支撑，并未准备下跌。

6月19日，高点87点，比老顶高 5/8～1 个点。随后市场变得非常沉闷且狭窄，在 $85\frac{5}{8}$～$86\frac{5}{8}$ 点仅1个点的区间内维持了6周。这是一个应当注意的位置，在此应等待趋势变化的明确信号，因为在同一位置附近有多个顶部。

8月5日，这一周下跌至85点，跌破了过去九周的底部时，卖出信号出现。这是横向派发已经完成，将恢复下降趋势的信号。注意，这次横向派发跟在本轮熊市的第一阶段之后。指数从1910年12月至1911年7月，维持在 80～87 点之间一个 6～7 个点的区间内。

随后是陡直且剧烈的下跌，伴随着成交量不断放大。

9月25日，本轮熊市的低点73点。这是一次恐慌性下跌，与1910年7月26日的低点 $73\frac{5}{8}$ 点形成了双重底。这里是买进点。

一轮快速反弹接踵而至。

8.6　第五轮牛市

1911年

10月，突破过去两周的顶部，这是趋势向上的第二个标志。

10月14日，高点 $78\frac{1}{2}$ 点，位于1910年12月的底部 $79\frac{5}{8}$ 点下方。这是多头回补的位置。此时仅反弹了两周时间，因此指数可能并没有准备进一步上涨。

10月27日，两周后的低点 $74\frac{7}{8}$ 点。次级回调，形成了一个更高的底部，也是一个更安全的买进位置。

11月11日，这一周突破了过去四周的顶部78½点，表明主要趋势向上，在这里买进是安全的。随后的回调幅度非常小，市场继续走高。

1912年

3月22日，突破了老顶87点。（参考交易规则）这是第四次处在同一个位置附近，并且从老顶的位置没有出现回调，表明上升趋势很强劲。市场继续上涨，其间仅出现过很小幅度的回调。

9月30日，高点94⅛点，位于1909年下半年的老底96点下方，且没有触及这些老底，是市场疲软的信号。本轮牛市结束。

三周时间，在94点附近筑顶，维持在1个点的区间内。

10月19日，这一周跌破了过去三周的低点，表明小型趋势向下。

回顾：从1911年9月的低点73点，到1912年9月的高点94⅛点，上涨了23⅛个点。其间的最大回调有3¾个点。因此，必须回调4个点以上，才能预示着一轮更大的下跌。

8.7　第五轮熊市

1912年

民主党人伍德罗·威尔逊当选美国总统。

11月16日，指数下跌至89½点，下跌了4⅝个点，这是市场走低的第二个信号，可以在任意一轮反弹后卖空。

连着两周反弹，高点91¼点。

12月7日，这一周跌破了89点，接着市场更快速地下跌。

12月11日，低点85¼点，恰好在老顶的下方，开始反弹。

一轮缓慢的上涨，持续了3周。

1913年

1月19日，高点88½点，仅上涨了3¼个点。这是一轮无力的次级反弹。

下一周，跌破了85点，预示着一轮熊市，可能跌出新低以及发生无力的反弹。

6月11日，低点72⅛点，这是同一个位置附近的第三个底部，仅比1911年10月的低点74⅞点低2个多点。这里是可以利用近距离止损单的买进位置。

从高点94点到低点72⅛点，最大下跌有21⅞个点。而最大反弹有3¼个点。因此，如果从72⅛点开始，出现一轮4个点以上的反弹，可以表明趋势正在掉头向上。

6月21日，反弹至75¾点。

在74⅜～75¾点的窄幅区间内横向运动了3周，没有出现更低的底部。

7月9日，这一周突破了76点，位于过去五周的顶部上方，还涨了4个点以上。这是趋势改变的第二个标志。

9月12日，高点83½点。注意，在1913年2月份有两周时间顶部处于83½～83¾点，这是开始大幅下跌前的最后反弹。市场在一个窄幅区间内横向运动了两周。随后跌破了过去三周的低点，说明小型趋势向下。

12月15日，低点75¼点，回到了1913年7月的最后低点，这是周线的老顶，也是开始反弹的支撑位置。

连续六周时间，在75¼～76点的区间筑底，表明此处获得了支撑。这是买进位置。

27日，突破了78点，也是过去七周的顶部。这是一个更安全的买进点。

1914年

2月3日，高点83⅛点，这是该位置的第二个顶部。

然后在5/8个点的区间内维持了3周；接着跌破了过去三周的低点，预示着可能跌出新低。

3月6日，低点81⅛点，此时是一个非常窄幅且沉闷的市场。

20日，高点83½点，这是该位置的第三个顶部。

连续三周时间在1½个点的区间内，市场沉闷且狭窄。

随后跌破了过去七周的低点，这是市场还会跌出新低的确切标志。

4月25日，低点77点，恰好高于1913年11月至12月期间的多个老顶。

接着是一轮缓慢的反弹。

6月10日，高点81⅞点，恰好低于几个老底。

25日，低点79¼点，市场运行缓慢且窄幅波动。

7月8日，高点81¾点。这是最后的高点，以及在更低位置附近的第四个顶部。这是一个可靠的卖出信号和卖空时机。

28日，跌破了底部78点，这是市场还会跌出新低的确切信号。

伴随着巨大的成交量，市场不断下跌，而且战况报道引起了来自欧洲的沉重卖压。

30日，跌破了1913年12月的低点75¼点。同一天又陆续跌破了73½点、73点和72⅛点的三重底，第四次来到该位置附近，并且收盘低于72点。这是市场将大幅走低的确切信号。

31日，由于"一战"的原因，股票交易所关闭。

12月18日，交易所恢复营业，指数从54⅜点开始交易。

1907年的低点为53点，还有1898年和1900年的低点都在53点。因此，这些老底可能是支撑位和买进点。

12月24日，低点53⅛点。本轮熊市结束。

回顾：从1912年9月30日的最后高点94⅛点，到1914年12月24日的低点53⅛点，下跌了41个点。期间最大反弹是从72⅛点到83⅜点，共11¼个点。因此，若指数涨过了64½点，就预示着强劲的上升趋势。

8.8 第六轮牛市

1915年

1月23日，高点58½点，这轮反弹仅5⅜个点，不足以表明市场已准备开始大型的向上运动。

接着是恐慌之后的次级回调，此时买进更安全。

2月24日，低点54¼点，比1914年12月24日的低点53⅛点高1个多点，也是一个不错的买进位置。

3月27日，这一周突破了上次反弹的高点58½点。这表明主要趋势向上，牛市正在进行。此时也是最安全的买进点。

4月10日，这一周突破了64½点。这是主要趋势向上的第三个确切标志，市场还会创出新高。这里是一个应买进加仓的位置。

30日，市场快速上涨，高点71¾点，位于71½～73½点的老底下方。这是一个卖出位置。

5月，市场在70～71¾点的区间维持了1周，也在过去两周的顶部上方。随后由于德国潜艇恐慌①，快速崩跌。

14日，低点60⅜点。但是这次下跌只有两周，且未能触及顶部58½点。这是市场在此获得了良好支撑的信号。下跌了11个点，是牛市中的一轮自然回调，此时买进是安全的。随后恢复上涨两周，顶部65½点。当顶部被突破之后，市场会更快速地上涨。

6月22日，高点71⅞点，与4月的高点相同，也在老底下方。随后会遭遇一些卖盘和阻力，这是再自然不过的事情。接着回调两周至67⅞点，仅下跌了4个点。

7月24日，这一周伴有巨大成交量，市场非常活跃，突破了72点。这里是一个应买进加仓的位置。

市场继续上涨，期间的回调仅3～5个点。

9月20日，指数突破了老顶81¾～83½点的区间，并且没有回调，证明了上升趋势强劲。下一个（应注意的）老顶位置是91～94点。

10月2日，高点92点。

6日，回调至88¼点，这是一轮小型回调。随后突破了1912年9月的顶部94⅛点。下一个（应注意的）顶部位置是1909年的高点100½点。

12月27日，高点99⅛点，恰好低于1909年的顶部。这是一个卖出位置，因为这段47个点的上涨，仅出现了一次11个点的回调。

市场减速上涨，四周时间仅涨了1个点，表明遭遇了大量卖盘。

1916年

1月8日，跌破了过去三周的低点，这是小型趋势已经掉头向下的信号。

---

① 译者注：指1915年2月4日德国宣布的无限制潜艇战役引起的恐慌。

31日，低点90⅝点。没有达到11个点，并未超过本轮的最大回调。

2月11日，反弹至96⅛点。这是更低的顶部，也是一个卖出位置。

3月2日，低点90⅛点，与1月31日的低点90⅝点相近。必须跌破这个位置，才可能说明市场会跌出新低。随后跟着一轮反弹。

16日，高点96点，略低于2月11日的顶部96⅛点。这是一个卖出位置。

4月22日，低点85点，恰好高于多个老顶。这是一个买进位，因为经历了一轮陡直的恐慌性下跌，从4月初的顶点94½点持续下跌了3周。

接着是一轮快速反弹。

6月12日，高点93⅝点，位于老底下方，接近4月的顶部。这是一个卖出位置。

7月1日，这一周的低点为87⅝点。随后反弹了一周。

13日，低点86½点，比4月的低点85点更高，且在老顶上方。这是一个买进点。接着反弹至89¾点。然后回调至88点。

然后连续三周，停留在底部88点附近，表明在此获得了良好的支撑。

此后穿越了顶部90½点，预示着可能创出新高。

9月21日，突破了多个顶部的96点，又突破了1915年的高点99⅛点以及1909年的顶部100½点，此外还突破了1906年的高点103点。这些都是市场走高的强烈信号。

10月5日，高点104⅛点。比103点高了1⅛个点，也是市场走高的信号。

14日，回调至99点，在1915年12月的老顶附近。这是一个买进位置。原因是，相比1914年之后的回调，如11个点和15个点，本轮回调仅5个点。接着在两周内突破了顶部104点，表明了强劲的上升趋势。

必须遵循交易规则，以便判断市场在进入新的高价区后还可能走多远。交易规则里有提到7个点、10个点、15个点、20个点或24个点。然而根据最稳妥的交易规则，需要等待周线的前底被跌破，才能判断小型趋势的改变。

11月21日，高点110⅛点。比1906年的老顶103点高了7⅛个点，比1909年的顶部100½点高了近10个点。

接着两周时间，在110⅛点附近筑顶。这是最终的顶部。

12月2日，跌破了过去两周的低点，令小型趋势掉头向下，并结束了本轮牛市。

回顾：第六轮牛市的结束，在当时，意味着结束了工业股的最大幅度上涨。指数在23个月内上涨了57个点。其间的最大回调有14个点，最后一轮回调有7个点。因此，7个点或更大幅度的下跌，是市场走低的第一个信号。而跌破99点，即跌破牛市回调期间的低点，是熊市开始的一个确切信号。

8.9 第六轮熊市

1916年

12月期间，伴随着巨大的成交量，出现了一轮毫无抵抗的崩跌，指数跌破了99点，表明此时卖空是安全的。

12月21日，低点 90⅛ 点。过去四周时间内下跌了20个点，且位于老顶附近。这是一个买进位置。

接着是反弹，一轮陡直的上涨。

1917年　趋势掉头向下后的次级反弹

1月3日，高点 99⅛ 点，低于老底且在老顶附近。这是9个点反弹后的卖出位。由于是第一轮次级反弹，此时卖空是安全的。

趋势掉头向下后的横向派发。市场在 95～97⅞ 点的窄幅区间内维持了3周。

2月2日，由于德国潜艇恐慌和担心美国参加世界大战，市场快速崩跌。低点87点，从顶部110点下跌了23个点。从上一个顶部99点下跌了12个点。注意，1916年4月的低点85点和1916年7月的低点 86½ 点，这里是前一轮上涨开始的位置，使得 85～87 点的区间是一个支撑位和买进位置，尤其因为当前这轮恐慌性下跌是在两天内跌了 10～25 个点。要记住这条交易规则：总是在恐慌中买进，等待快速反弹。市场接着反弹，其间的回调仅 4～5 个点。

3月20日，高点 98¼ 点，恰好低于各个老底和老顶。这是一个卖出位置。

5月9日，低点89⅛点。与1916年12月的低点90⅛点处于同一位置附近。从这里开始反弹。

6月9日，高点99点。这是同一位置附近的第三个顶部，也是一个安全的卖空点。因为这次反弹市场变得沉闷，在一个窄幅区间内维持了3周。

随后市场跌破了3周的底部，并继续走低。

7月19日，低点90½点，这是一个老底。接着是一轮小型反弹。

8月6日，最后的反弹。高点93⅞点。市场在一个窄幅区间内维持了4周。

之后跌破了过去五周的低点。

9月12日，跌破了85～87点的老底，预示着市场非常疲软，很可能跌出新低。此后反弹很小，只有3～5个点。随后出现了一轮恐慌性下跌。

11月8日，低点68⅝点。注意1915年7月的最后底部67⅞点。一轮反弹接踵而至。

23日，高点74¼点。过去两周反弹了5⅝个点。接着一轮四周时间的陡直下跌，结束时市场非常疲软、恐慌。

12月19日，低点66点。比11月份的低点68⅝点低2⅝个点，比1915年7月的最后低点67⅞点低1⅞个点，这些令66点附近是一个买进位置。**第六轮熊市结束。**

回顾：从1916年11月的高点110⅛点到1917年12月的低点66点，第六轮熊市的最大反弹有12个点。最后的反弹有5⅝个点。因此，市场可能走高的第一个标志，将是出现一轮6个点或更大幅度的反弹。而主要趋势的变化信号则应为一轮超过12个点的反弹。

8.10 第七轮牛市

1917年

12月29日，上涨开始，市场突破了前一周的顶部，并给出了趋势变化的第一个信号，小型趋势改变。这次上涨很快，第一周来到了72½点。尽管

72点附近有不少老底和老顶，但下一周，市场径直突破了老阻力位，表明上涨强劲。

1918年

1月2日，指数上涨到了76⅝点。从低点66点上涨了10⅝个点。这个位置与1913年12月的老底75¼点接近，当时是在最终下跌开始前，有一轮最终的反弹到达顶部。随后回调两周。

15日，下跌至73⅜点。这轮次级回调停留在了老顶72点上方，表明市场非常强劲。事实上，三周的陡直反弹上涨了10个多点，而随后的两周回调仅下跌了3个点。说明市场在此位置获得良好的支撑。这里是次级回调中安全的买进点。

随后恢复上涨，突破了78点，从低点66点上涨了12个点，超过了前一轮熊市的最大反弹，这是主要趋势已经掉头向上的确切标志。还突破了前一个高点，表明主要趋势向上。

2月19日，上涨至82点。在图表中可以观察到，此时正朝着老顶和老底上涨，而82点是自然回调的位置。本周来到顶部区间80½～82点——一个1½个点的区间。下一周跌破了前一周的低点，这是小型趋势改变的信号，要迎来回调。

4月11日，下跌至75½点。这轮回调有6½个点，属于牛市中的普通回调。注意76点是个老顶，因此，75½点是合理的支撑位和买进点。市场在这个位置附近维持了4周，表明获得了良好的支撑。

5月15日，上涨并突破了过去三周的顶部，突破了老顶82点后，涨到了84点。这又是一个老底下方的位置，可能出现小型回调。

6月1日，回调至78点，下跌了6个点。随后在一个窄幅的交易区间内维持了几周。

9月3日，上涨至83⅞点，恰好低于老顶。接着是一轮温和的回调。

11日，下跌至80½点，在6月1日的低点78点上方有余裕地停住了。

事实上，这些回调比前一轮的6½个点都要小，说明主要趋势向上，买入是安全的。

10月18日，市场恢复上涨后，突破了顶部84点，高点89点。注意87～90点附近的老底。下一周，市场维持在一个窄幅的交易区间内。再下一周，跌破了前两周的底部，回调至84点，下跌了5个点，这是小型趋势正掉头向下的第一个标志。随后是一轮次级反弹。

11月9日，上涨至88点，比前一个高点89点低1个点。由于未能在小型趋势已经掉头向下后再次来到老顶，因此这是次级反弹中的卖出信号。

25日，跌破了84点，至79⅞点，比第一轮回调的底部更低，预示着市场还会进一步下跌。接着反弹两周，至84½点，这是第三个更低的顶部，恰好在老底84点附近，是一个卖出位置。

1919年

2月8日，指数逐渐走低，但收窄到大约2个点的交易区间内。低点79⅛点。要注意，这个位置附近的老顶以及开始上涨时的周线底部，都位于77½点附近。因此，这个底部比先前底部的更高，且只比1918年11月的低点79⅞点低3/8个点，表明此位置附近存在支撑。市场在79⅛～81¾点的区间维持了4周。

22日，突破了过去四周的顶部82点。这是市场走高的信号，也是安全的买进点。

3月，到达老顶89点，并且回调略微超过了2个点，表明市场非常强劲。

4月，突破了老顶89点，顺势继续上涨，期间仅有小型回调。

7月14日，高点112¼点。突破了1916年11月的老顶110⅛点，还进入新的高价区间2个点。这是市场还可能创出新高的信号。

19日，这一周在110¼～112¼点的区间运动，这是大幅上涨之后处在顶部的一个非常窄的区间。下一周，跌回到110点以下，并且跌破了过去两周的底部，表明小型趋势正掉头向下，随后将迎来回调。事实上，从79⅛点涨到112¼点的过程中，并没有出现回调5个点的情况，也说明后面会有暂时性的回调。

8月20日，持续四周多时间的陡直且快速的下跌，低点98½点。这个位置在老顶的下方,也是 100 点下方的自然支撑位。事实上,回调四周后,市场恢复上涨,说明仍然处于牛市,也是还会继续走高的标志。本轮回调后的安全买进位置是上涨突破了前一周的高点 100¾ 点附近。

10 月,突破了前高 112¼ 点。径直上涨的过程中仅出现 3～4 个点的回调。

11 月 3 日,高点 119⅝ 点,也是最终的高点。比 1916 年的老顶 110⅛ 点高 9½ 个点,比 1919 年 7 月 14 日的高点 112¼ 点高 7 个点。根据交易规则,当上涨进入了新的高价区间 7～10 个点后,很可能回调。

比较:1916 年,在突破老顶 103 点之后上涨到 110 点,即上涨进入了新的高价区间 7 个点。而 1919 年,在牛市结束前进入了新的高价区域 9½ 个点。在 1919 年最后的快速运动中,最后 60 天的成交量非常大。当时人人都看涨,都在买股票,都在谈论这场有史以来最大的繁荣,以及肉眼可见越来越高的最高价。但随着市场到达顶部,牛市结束。接着一轮陡直的下跌,赶走了那些利用保证金过度交易以及光凭希望而不是面对事实跟随趋势的交易者们。

回顾:第七轮牛市从 1917 年 12 月的低点 66 点到 1919 年 11 月 3 日的高点 119⅝ 点,其间正常的最大回调是从 89 点到 79⅛ 点,有 9⅞ 个点。而这轮牛市行情结束前,最后的回调是从 112¼ 点到 89½ 点,下跌了 11¾ 个点。因此,应注意熊市即将开始的确切标志,将是一轮超过 12 个点的下跌,或者是跌破低点 98½ 点,或者是跌破最终的顶部之后第一轮陡直下跌的低点。

8.11 第七轮熊市

1919 年

11 月,最近三周的低点在 114⅞～115½ 点的区间。

12 月 13 日,一轮陡直且剧烈的下跌,跌破了过去三周的底部,显示了小型趋势掉头向下的明确信号。

22 日,低点 103½ 点。从高点 119⅝ 点下跌了 16 个点。这轮下跌超过了牛市的最后回调 11¾ 个点。这是趋势已经掉头向下,市场即将走低的确切信号。但是,市场还没出现次级反弹。通常在第一轮陡直的下跌之后会出现反

第8章　江恩内训版道琼斯工业价格平均指数的形态与买卖点解析（1903—1939年）

弹。连续5周时间，在103½～104点附近筑底，该位置在老顶103点的上方，是一个自然的支撑位。由于在此位置获得了良好的支撑，那么这里是一个应回补空头头寸并买进多头的位置，可以等待下一轮次级反弹时再卖出。

1920年

1月3日，次级反弹，高点109⅞点。这轮反弹有6个多点，且上涨到了1916年的老顶110⅛点下方，因而此高点是一个卖出位置。这轮反弹出现了沉重的卖压，市场未能止跌企稳。第二周处在106½～108¾点的区间。下一周，市场跌破了前一周的低点，同时也跌破了过去五周103½点附近的底部，这是主要趋势已经掉头向下的确切标志，因为次级回调的底部已经被跌破。随后继续下跌，至102点。接着反弹至104½点，恰好位于老底下方。然后市场变得沉闷并窄幅波动了一周。

2月7日，这一周突然出现的沉重卖压导致一轮陡直且剧烈的下跌。指数跌破了1919年8月的最后底部98½点，再次证实了主要趋势向下，一轮熊市正在进行中。这轮下跌急促且剧烈，其间的反弹非常小。事实上，这是一轮恐慌性的下跌。

2月25日，低点90点。参考1918年10月的高点89点与1920年2月的低点90点，这里是一个支撑位和买进位置。并且这里有两周的底部，一个是2月14日结束那一周的底部90½点，另一个是2月25日最后的底部90点。表明该位置附近确实存在支撑，是买进位置。

3月6日，突破了前一周的顶部，这是小型趋势正掉头向上的第三个信号。之前下跌过程中的最大反弹是6个点。因此，当指数上涨了6个点以上时，说明可能发生进一步反弹。

13日，突破了98点，但没有在老底99点附近停留。

4月8日，上涨至105⅝点。市场曾经从高点119⅝点下跌了16个点，到达低点103½点，仅比当前的高点105⅝点低了2个点。而前一轮下跌是从高点109⅞点下跌了19⅞点，到达低点90点。然后反弹了15个点，形成更低的高点。所以这里是一个安全的卖出位置。市场在顶部的窄幅交易区间内维持了两周，之后开始崩跌。

24日，下跌到过去五周的底部下方，表明主要趋势已经再次掉头向下。这轮陡直的下跌反弹非常小。

5月19日，低点87⅜点，仅比2月份的低点90点低了2个多点，并且下跌到了老顶和老底的位置附近。可能会发生一轮温和的反弹。市场在此维持了两周，形成了两个恰好低于88点的底部。随后开始反弹。

7月8日，高点94½点。这轮反弹有7个点，属于疲软的熊市中一轮中等规模的反弹。有一周时间处在93~94½点的区间——一个1½个点的区间，这也是一个卖出位。下一周，跌回到这周的低点下方，且跌破了过去三周的低点，表明主要趋势会继续向下。接着所有的支撑位都被跌破。

8月10日，低点83¼点。接着反弹至89⅞点，这轮反弹少于7个点，与上一轮反弹相同，因而，这里是一个应再次卖空的位置。此后继续下跌，其间仅出现2~3个点的反弹。

11月19日，低点73⅛点。

12月4日，反弹至77⅝点，这轮反弹有4½个点。根据交易规则，在熊市中，价格越低反弹越小，因为市场变得更加疲软。此时卖空也会更安全。

21日，低点66¾点，这是一个买进位置。因为下跌到了1917年的老底66点附近，应注意可能出现支撑和反弹。根据交易规则，要沿着老底买进，并利用止损单做保护。

过去三周的下跌，从77½点跌到了66¾点。最近一周的下跌，从69⅝点跌到了66¾点。

下一周，突破了前一周的顶部，并且上涨至71⅞点，预示着小型趋势的改变。但是，只有超过7个点或更大幅度的反弹才能预示进一步的上涨。

1921年

1月5日，上涨至76½点，恰好低于各个老底，可能开始回调。

1月11日，回调至72⅜点。在1920年11月的低点73⅛点上方1个点的位置停住了，表明市场获得了支撑。这是一个应买进等待反弹的位置，同时还要利用1920年11月的老底在下方设置止损单做保护。随后恢复上涨，先前的次要顶部被突破。

2月16日，高点77¼点，位于老底下方，说明会有小型回调。

3月11日，低点72¼点。下跌到了老底和老顶附近，是一个自然的支撑位。接着是一轮缓慢上涨。

5月5日，高点80点。在上涨中，市场非常沉闷且狭窄。注意，80点位于1918年9月到1919年2月之间的老底下方，令这里是一个自然的卖出位置，尤其是当市场变得沉闷且狭窄的时候。指数从低点66¾点上涨了13¼个点，属于熊市中的一般性反弹。

14日，跌回到过去几周的低点下方，表明小型趋势再次掉头向下。下跌继续，反弹非常小。

6月20日，低点64⅞点，比1917年12月的低点66点低1个多点，比1920年12月的低点66¾点低近2个点。这里是应注意出现支撑或阻力的位置。接着是一轮反弹，但它是一次缓慢且无力的上涨。

8月2日，高点70点。这轮反弹持续5周时间，有5个点空间，不足以表明主要趋势的变化。下一周，跌破了过去五周的低点。

24日，低点64点。比1917年12月的低点66点低2个点，并且跌回到1915年5月那一轮上涨的周线底部下方。但是并没有比1917年12月的低点66点低3个点，表明这个位置附近存在支撑。这个低点是一个买进点，并且成交量非常小，说明套现已经结束。但是最安全的买进信号，还是应等待市场突破前几周的顶部，指示出小型趋势的变化。

回顾：从1919年11月3日的高点119⅝点，到1921年8月24日的低点64点，第七轮熊市的最大反弹有15个点，在1921年5月的最后反弹有13个点。因此，主要趋势变化的第一个标志，是一段13～15个点以上的上涨。

8.12 第八轮牛市

1921年

9月3日，突破了过去两周的高点66点。这里是更安全的买进位置。

10日，突破了上一轮反弹的顶部70点，进一步证实市场即将走高。那么在回调时买进会更安全。高点 $71\frac{7}{8}$ 点。这里存在老底和老顶，可能是开始回调的阻力位，但回调很小。

10月17日，低点 $69\frac{1}{2}$ 点。随后在 $69\frac{1}{2}\sim71\frac{5}{8}$ 点的区间维持了6周。说明恰好在老顶70点的上方或者附近存在大量买盘。在 $69\frac{1}{2}$ 点筑底四周时间后，此处就是安全的买进点。

10月29日，最安全且最佳的买进点是当主要趋势向上突破72点时。这证实了主要趋势是向上的，并且表明吸筹已经完成，套现也已结束。

12月15日，突破了1921年5月的最后顶部80点。这是牛市即将出现、市场可能创出新高的又一个确切标志。接着市场继续上涨，期间回调非常小。

1922年

9月11日，高点102点，回到了1920年4月份的高价水平。接着回调两周，至 $96\frac{1}{4}$ 点。

保持在前一次上涨起点的近三周的底部上方，表明在这个位置获得了良好的支撑。这里是买进位置，可等待市场继续上涨。

10月14日，高点 $103\frac{1}{2}$ 点。注意1920年4月的最后高点 $105\frac{1}{2}$ 点。因此，这里是应关注可能发生回调的位置。特别是从64点到 $103\frac{1}{2}$ 点的这轮上涨，其间没有出现任何重大的回调。随后市场在一个窄幅区间内维持了两周。第三周跌破了过去两周的低点，表明此高点是一个临时性顶部，即将出现一轮回调。接着继续下跌，一轮温和的反弹之后，跌破老底96点。

11月27日，低点92点。从顶部 $103\frac{1}{2}$ 点下跌了 $11\frac{1}{2}$ 个点，属于牛市中的一轮自然回调。由于92点附近存在老顶和老底，因此这里也是一个支撑位和买进点。另外，从顶部开始的回调持续了7周时间。当下跌超过4周时，即属于是牛市的一般性回调。然而，最安全的买进点是突破过去三周的顶部96点时。在1922年12月9日那一周，突破了96点。随后继续上涨，其间的回调非常小。

1923年

3月20日，高点 $105\frac{3}{8}$ 点。与1920年4月份的老顶 $105\frac{1}{2}$ 点非常接近。这是一个卖出位置。由于连续三周的高点都在这个位置附近，说明这里有沉重的买压。连续两周的低点在 $103\frac{7}{8}$ 点附近。

25 日，跌破了过去两周的低点。预示着还会有更大的回调。此处是一个应回补多头并反手卖空的位置。

回顾：从 1921 年 8 月 24 日的低点 64 点，到 1923 年 3 月的高点 $105\frac{3}{8}$ 点，第八轮牛市的最大回调有 $11\frac{1}{2}$ 个点。因此，如果从高点下跌了 12 个点或更多，表明主要趋势向下。然而，跌破过去四周的底部 97 点附近，也是主要趋势掉头向下的一个信号，这时候也可以视为牛市已经结束。

8.13 第八轮熊市

1923 年

5 月 21 日，低点 93 点。市场停在 1922 年 11 月的低点 92 点上方 1 个点的位置。此次的低点之后，跟着出现了牛市的最后一轮快速运动。

29 日，反弹到了 $97\frac{5}{8}$ 点，位于老底下方。这是一个卖出位置。随后继续下跌，并跌破了 1922 年 12 月的低点 92 点。再一次明确证实，熊市到来，市场将走低，趋势持续向下。

7 月 12 日，低点 $87\frac{5}{8}$ 点，位于老顶和老底的位置附近。此后可能出现一轮反弹。

20 日，高点 $91\frac{3}{4}$ 点，恰好低于前面两个底部，也是一个卖出位置。

市场在此维持了两周，随后下跌。

31 日，回调至 87 点，略低于 7 月 12 日的底部 $87\frac{5}{8}$ 点，预示着一轮反弹，尤其当市场变得非常沉闷且狭窄时。当市场突破了前一周的顶部 $88\frac{1}{2}$ 点时，预示着进一步的温和反弹。

8 月 29 日，高点 $93\frac{3}{4}$ 点，位于老底的下方，并且恰好高于上一轮反弹的高点。随后在 $1\frac{1}{2}$ 个点的区间内维持了两周。这是一个卖出位置。

9 月 15 日，快速下跌，跌回到过去四周的底部下方，表明小型趋势再次掉头向下。

10 月 27 日，低点 $85\frac{3}{4}$ 点，比 7 月 31 日的低点 87 点低 1 个多点，并且

与老底和老顶处于同一位置附近。市场在此处非常沉闷且狭窄，但成交量极小，表明套现暂时已经结束，市场正在筑底。此时可以买进等待反弹，尤其是因为这里还是一个双重底。

回顾：从1923年3月20日的顶部105⅜点，到1923年10月27日的低点85¾点，第八轮熊市的最大反弹是从87点到93¾点，有6¾个点。因此，当指数能够上涨6¾个点以上时，可能就是主要趋势向上，牛市即将开始的标志。

8.14　第九轮也是最大的牛市

实际上，这轮牛市是1921年8月牛市的延续。因为从1923年的顶部105⅜点，到1923年10月27日的低点85¾点，下跌近20个点。可以将其视为一轮自然回调，或者为接下来的大型牛市进行休整或吸筹。

1923年

11月3日，突破了过去三周的高点。最安全的买进位置是11月3日这一周的88½点附近。随后继续上涨，并突破了93～93½点的多个顶部，表明主要趋势向上。高于94点的位置是一个更安全的买进位置。若已在更低的位置买进，则此处就是一个更安全的加仓位置。

1924年

2月6日，高点101⅜点，位于1923年3月份的高点105⅜点下方，当时市场突然掉头向下。因此，这里的高点是一个自然的卖出位置，等待回调。2月9日这一周的顶部，处于大约1个点的窄幅区间内。接着一轮陡直的下跌，跌破了过去三周的低点，说明小型趋势再次掉头向下。2月下旬，下跌至95⅜点。

3月，次级反弹，至98¾点。这轮反弹非常无力，三周时间仅上涨了2个多点。因此，这里是反弹后安全的卖出位置。但更安全的卖出时机是跌破96点时。这里位于过去三周的底部下方。随后市场继续向下，其间的反弹非常小。

第8章 江恩内训版道琼斯工业价格平均指数的形态与买卖点解析（1903—1939年）

5月20日，低点88⅜点，比1923年10月的低点85¾点高2⅝个点，比1923年7月的低点87⅝点高¾个点。低点88⅜点与前两个低点构成三重底，这是一个安全的买进位置。尤其是此时成交量非常小，市场在一个窄幅的交易区间内维持了几周，表明套现已经结束，没有足够的卖盘去形成更低的低点。但是，应遵循这一条安全的交易规则，等到市场突破前几周的顶部来证明强势的形态。市场在88⅜～90½点之间维持了3周。随后突破了过去三周的顶部。

7月14日，这一周突破了老顶92⅜点，说明趋势明确地掉头向上。这里是一个安全的买进位置，因为在86～90点的区间完成了吸筹。

8月20日，高点105½点，与1923年3月的高点105⅜点相近，也与1920年4月的高点105⅝点相近。第三次来到这个位置，使得它是一个自然的卖出位置，因为至少有一轮暂时性的回调。下一周，跌破了过去几周的低点，至102⅞点。

9月6日，这一周市场反弹。

24日，高点104⅝点，比老顶105½点少1个点。而且这轮反弹仅持续两周时间，表明市场疲软。更低的顶部，是一个卖出位置。

10月14日，低点99⅛点。大幅上涨前的最终低点，是一个买进位置。下跌到老底和老顶的位置，是一个自然的阻力位。回调6个点大约耗时7周时间，也是牛市回调的平均时间。随后三周上涨，收复高点位置。

11月3日，这一周结束时出现了安全的买进点。安全的买进点需等待市场筑底完成，随后快速上涨，突破了过去两周的高点，说明还可能创新高。接着上涨加速，突破了三重顶的高点105点附近。第四次来到这个位置，也是牛市的信号，还可能出新高。下一个应注意的位置是历史最高点，即1919年11月的老顶119⅝点。市场径直突破老顶119⅝点，没有回调，预示着市场非常强劲。

1925年

1月22日，高点123⅝点，一个新的高点。从1924年5月的88⅜点开始，上涨过程中没有出现5个点的回调。

2月16日，回调至118点，恰好位于老顶下方，随后恢复上涨。

3月6日，高点125 5/8 点。

3月30日，低点115点。这轮回调有10个多点。比老顶119 5/8 点低 4 5/8 个点。根据交易规则，如果主要趋势继续向上，回调的低点与老顶的距离不能超过5个点以上。这轮回调有24天，略多于3周，属于牛市中的一轮自然回调。而低点115点也是应当买进的位置，或者可以先等待突破过去几周的顶部后，或是等待涨到老顶120点的上方，然后再买进。接着市场迅速上涨，突破了3月6日的高点125 5/8 点，并且顺势继续上涨，其间只有很小的回调。

11月6日，高点159点。市场在这个位置非常活跃并快速运动。

10日，回调至151点。

13日，高点157 3/4 点。一个更低的顶部，也是卖出位置。

24日，低点148 1/4 点。这轮回调的时间少于3周，大约回调了11个点，属于牛市中的一轮自然回调。该低点是一个买进位置。

1926年

2月11日，本周高点162 3/8 点，又一个新的高点。市场在此处维持了几周，其间做摆动运动。事实上，没有从11月6日的顶部159点继续向上运行5个点，表明市场在进行派发，回调时可能在筑顶。这是一个卖出位置。确实也应当卖出，尤其在跌破前一周的底部时应立即卖出。随后市场快速下跌。

3月30日，回调至低点135 1/4 点。从（1925年3月30日的低点）115点开始，上涨了1年时间。从高点162 3/8 点下跌了约27个点，是本轮牛市的最大回调。由于这轮回调的时间仅6周多，属于是牛市中的一轮自然回调。

4月6日，反弹至142 3/8 点。

16日，回调至136 1/4 点，一个更高的底部，也是一个买进位置。

24日，反弹至144 7/8 点。

5月19日，回调至137 1/8 点。与3月30日的低点135 1/4 点、4月16日的低点136 1/4 点相比，这是第三个更高的底部，表明市场在这个位置附近获得了良好的支撑。而第三个更高的底部也是一个安全的买进位置。然而，更安全的买进位置是等待突破4月24日的高点，显示出趋势明确掉头向上。随后市场快速上涨，突破了过去几周的所有顶部。

8月9日，高点166⅛点。

11日，低点161⅝点。

14日，高点166⅝点，与前一个高点构成双重顶，是一个卖出位置。

25日，回调的低点160½点。

9月7日，高点166点。在同一个位置附近略低的第三个顶部，也是一个卖出信号。尤其自8月9日以来，市场没有任何上涨。当跌破8月25日的低点时，就是小型趋势的确切变化信号。随后市场快速下跌。

10月19日，低点145⅝点。尽管跌了20多个点，但比起从2月11日到3月30日的回调幅度约27个点，要小一些。与前一个底部位置135¼～137⅛点相比，是更高的底部。本轮回调约6周时间，属于牛市中的一般性回调。这里是一个买进位置，应当关注主要趋势的恢复。

12月18日，高点161点。这里是老顶和老底附近，可能会发生回调，是卖出位置。

1927年

1月25日，低点152¾点，比1926年11月19日的低点145⅝点更高，也可以将两个低点一起视为一个双重底。这里是可以利用止损单的买进位置，尤其是因为在上涨过程中突破了过去几周的顶部。

2月28日，高点161⅞点。

3月7日，低点158⅝点。

17日，高点161¾点。第三次来到这个位置附近，是一个卖出位置。

22日，低点158½点，与前一个低点158⅝点构成双重底，因而是一个买进位置。第二次来到这个位置附近时，没有跌破周线的底部，主要趋势仍然向上。而安全的买进位置是突破162点，站上过去三周的顶部。从3月末开始，快速向上运动。

4月22日，高点167⅜点，高于之前所有的顶部，是市场继续走高的信号。

28 日，低点 163½点，下跌到老顶的位置附近，是一个自然的买进点。随后恢复上涨，伴随着巨大的成交量，市场非常活跃。

5 月 31 日，高点 172⅞点。

6 月 3 日，回调至 169⅝点。

6 日，高点 171⅛点，一个略低的顶部。

14 日，低点 167⅝点。

16 日，高点 170¼点，第三个略低的顶部，这是即将出现回调的信号。该高点是一个卖出位置。

27 日，低点 165¾点。从 5 月 31 日的高点 172⅞点下跌了约 7 个点，这轮回调有 4 周时间。该低点恰好低于 4 月 22 日的高点 167⅜点，又高于 4 月 28 日的低点 163½点，因而这里是买进的信号。

7 月 9 日，这一周趋势掉头向上。应遵循这条更安全的交易规则，即等待市场掉头向上，突破过去三周的顶部。随后径直上涨，穿越了所有顶部。

8 月 2 日，高点 185½点。本周的低点为 182⅝点，且低点收盘。实际上，收盘价与前一周相同，因而该低点是一个卖出位置。当涨到新的高点后又在低点收盘，这是进一步回调的标志。为了安全操作，应当卖出做多的头寸并等待。

12 日，低点 177⅛点。这轮回调有 8 个点，只是一轮自然回调。回调时间仅一周，没有跌到老顶。下一周，突破了前一周的顶部，此时是一个买进位置。之后涨到了 8 月 2 日的高点附近，强势收盘于当周的最高价，这是有史以来周线收盘价的最高价，说明市场还可能创出新高。下一周，上涨到新的高价区间。

9 月 7 日，高点 197¾点。记住这条交易规则：关注所有的整数价位，即 100、200、300 等，注意卖盘的出现。该高点是一个卖出位置。

12 日，回调至 194 点。

10 月 3 日，极限高点 199⅞点，恰好低于 200 点。这是一个更安全的卖出位置。回过头来看，在 194 点附近有 3 个明显的底部，实际上是 4 个周线底部。因此，这里是应当关注的位置。如果之前没有在 200 点附近卖出——

毕竟这里有趋势改变的信号，那么从 165 点涨到了 200 点附近，回到过去三周的底部时，也可以卖出，因为这也是一个回调的信号。

10 日，周线在高价区间开盘后，跌破了 194 点，下跌到 190 点，说明还可能跌出新低。接着是一轮快速下跌。

17 日，低点 179½ 点。从高点 199⅞ 点下跌了 20 个点。但比起从 1926 年 2 月 11 日到 3 月 30 日的回调幅度约 27 个点，还是要小一些。这轮回调有 3 周，属于牛市中的一轮自然回调。该低点是一个买进位置。但更安全的买进位置是等待市场突破过去几周的顶部。

下一周，横向窄幅波动，高点 185¼ 点，低点 181 点。再下一周，底部更高，低点 181½ 点，而且突破了前一周的高点 185½ 点。市场继续上涨。

11 月 30 日，高点 198⅞ 点。恰好低于各个老顶，并且仍然在 200 点的下方，因而该高点是一个卖出位置。

12 月 8 日，低点 193½ 点。这轮回调仅 5 个点。没有跌破前一周的底部 1 个点，因而该低点是一个买进位置。

1928 年

1 月 3 日，高点 203⅜ 点。突破了 200 点，是市场大幅走高的信号。

18 日，低点 194½ 点。这轮回调仅 9 个点，回调时间为 15 天，属于自然回调。该低点处于 1927 年 12 月 8 日的低点 193½ 点上方，因而是一个买进位置。

23 日，上涨至 201 点。

2 月 3 日，低点 196⅜ 点。这是第二个更高的底部，也是一个买进位置，同时要设置止损单做保护。

9 日，高点 199⅜ 点。

20 日，最后的低点 191⅜ 点。比 1927 年 12 月 8 日的低点 193½ 点低了 2 个点。由于市场近期一直处于高价区间，低 2 个点并不足以预示可能跌出新低。至少应跌破过去几个低点 3 个点，才可能指示趋势的确切变化。随后市场在一个窄幅的交易区间内停留了 3 周。下一周，极限低点 191⅜ 点，高点 194¼ 点，收盘在高点，这是市场继续走高的标志。应当买进，并利用各个老底下方的止损单做保护。接着恢复上涨，突破了200点，并且突破了1月3日的老顶203⅜点，这是市场继续走高的确切标志。

5月14日，高点220⅞点。本周开盘在高点，收盘在低点附近，收盘价比前一周的低点更低。这是市场到达顶部，将要开始回调的第一个信号。

22日，下跌至211¾点。

25日，上涨至217¾点，一个更低的顶部。

28日，下跌至214点，维持在上一次回调的低点上方。

6月2日，高点220¾点，与5月14日的高点220⅞点构成双重顶，也是一个卖出位置。尽管周六收盘在高点，但开盘价位于周一开盘价下方2个点附近，表明顶部存在大量的卖盘。考虑到这是该位置附近的第三个顶部，市场已连续三周遭遇卖盘，因此后续可能有回调。然而，当跌破前一周的低点214点时才是小型趋势改变的明确信号。

12日，低点202⅝点，从1月3日的老顶203⅜点下跌了3/4个点，仍然维持在200点的上方，因而是一个买进位置。当突破了200点这样的整数价位后，总是会发生这样的情形。在牛市行情结束之前，总会停留在这种价位上方。

23日，窄幅波动的一周：高点204¼点，低点202点，略低于6月12日的低点202⅝点。陡直下跌三周后，在底部出现窄幅区间，表明卖盘已经结束。这是再次买进的时机，因为从顶部开始的自然回调基本结束。在真正的牛市中，出现4个点的窄幅波动是可以接受的。安全的买进位置是下一周突破205点，站上前一周的高点。市场恢复上涨。

7月5日，高点214½点。

7月16日，低点205⅛点，这轮回调有两周时间，形成一个更高的底部，依旧较好地维持在200点之上，因而这里是一个买进位置。接着继续上涨，突破了前高215点。

8月，突破了221点，进入了新的高价区间。这里可以满怀信心地再次买进。

9月27日，低点236⅞点。这轮回调有5个点，对于高价区间来说，只是一轮小幅回调，也是市场即将走高的标志。

10月5日，高点243点。

10月8日，低点236¾点，一个更高的底部。然后，在10月下旬突破了9月7日的顶部。接着快速上涨，期间的回调幅度非常小，平均只有3～5个点。这是市场走高的信号。

11月28日，高点295⅝点，恰好位于300点之下。当突破整数价位之前，一定要注意回调。这里也是一个卖出位置。接着是陡直且快速的下跌。

12月8日，低点255⅛点。下跌了40½个点，是本轮牛市至今的最大下跌，但是这次下跌仅持续了10天。下一周，高点272点，低点264点，形成了更高的底部，这是应当买进的确切标志。再下一周，突破了前一周的顶部272点，快速上涨。

1929 年

1月2日，高点307点。

8日，低点297点，这轮回调有10个点。

11日，低点301⅝点。

15日，低点297⅝点，位于1月8日的低点297点上方，这是市场强劲的标志。同时，没有下跌到12月29日结束那一周的顶部下方，表明此时仍然存在大量的买盘，预示着还可能创出新高。该低点是一个买进位置。接着继续上涨。

2月5日，高点324½点，这是一个卖出位置。周一早上的开盘价与上周六的收盘价齐平，从319½点上涨至322点。然后快速崩溃，跌破了前一周的低点312点。

16日，低点295点。从322点下跌了27个点。可以将其与1月15日的低点297⅝点一周视为构成双重底。这里是买进位置。

3月1日，高点324½点，与前高形成双重顶，这是卖出位置。接着快速回调。

6日，低点305⅛点。

16日，高点320点。第三个更低的顶部，该高点是卖出等待回调的位置。下跌接踵而至，并且跌破了过去三周303～306点的多个底部。

30日，低点281½点。从2月5日的高点324½点下跌了43个点。严格从空间运动来分析，该低点将是一个买进位置。从1928年11月28日的高点约299点，到12月8日的低点约255点，下跌了44个点，时间仅10天。自1921年8月开始上涨以来，未曾出现过如此大的跌幅。根据交易规则，当市场处于极端位置时，回调或上涨可能会运行大约40个点。可以在这次极限下跌之后买进，毕竟这是一次非常陡直的恐慌性崩跌；或者也可以等待突破前一周的顶部，小型趋势向上时再买进。随后市场在294～308点的区间维持了两周。接着突破顶部308点，表明趋势已经再次掉头向上，此时买进更安全。

5月11日，高点331点，比2月5日的高点以及3月1日的高点324½点高出6½个点。这次反弹未能持续，下一周的高点324½点，与前一个老顶相同，因而是一个卖出位置。跌回到前一周的底部下方，预示着进一步的回调。

27日，低点290点，从高点331点下跌了41个点。这轮回调相比之前两轮的43个点和44个点，幅度更小。要注意，292点附近有几个老底，令这里是合理的支撑位。同时，由于这轮下跌仅16天，少于3周，因而该低点又是牛市中的自然支撑位或买进点。然而，也可以先等待突破上一周的顶部306点，回调后，在这个位置附近再买进。随后恢复上涨，市场快速向上运动，突破了老顶331点，进入了新的高价区间。

7月8日，高点350¼点。前两周的低点分别是332点和331点。

11日，低点343点。

12日，高点349¾点，一个略低的顶部，因而是一个卖出位置。

15日，低点340点。

23日，高点349½点，这个位置附近是过去三周的顶部，因而是一个卖出位置。接着是一轮回调。

29日，低点336⅜点。连续两周的低点都在这个位置，连续四周时间在3个点内的区间筑底，表明在此处获得了良好的支撑，这是买进位置。随后恢复上涨。

8月3日，新的高点358⅜点。

7 日，低点 338½ 点，这轮回调有 20 个点。

8 日，高点 352 点，一个更低的顶部。

9 日，低点 336⅛ 点。这轮回调约 12 个点，不足以显示任何主要趋势的变化。两周的底部都在这个位置附近，因而该低点是一个买进位置。接着恢复上涨。

9 月 3 日，历史高点 386⅛ 点。最后 25 天的快速运动，上涨了 50 个点。从 1929 年 3 月 30 日的低点 281½ 点上涨了 105 个点。从 5 月 27 日的低点 290 点上涨了约 96 个点。此处是一个卖出位置。

9 月 7 日是周六，本周的高点为 386⅛ 点，低点为 367⅜ 点，形成一个更高的顶部，随后跌回到前一周的低点下方。这是所谓的顶部信号，或者最终的顶部。一周内先创新高，随即跌破前一周的低点，并且收盘价也更低。

回顾：从 1921 年 8 月 24 日的极限低点 64 点，到 1929 年 9 月 3 日的极限高点 386⅛ 点，最大回调有 44 个点。最终的顶部之前，最后一轮回调有 41 个点。最后一轮小型回调有 12 个点。因此，回跌 12 个点以上，可能是趋势已经变化的第一个信号。另外，跌回到老底 336½ 点附近，则是主要趋势已经变化的第二个明确信号。跌回这个位置时，已经下跌了 44 个点以上，这是主要趋势已经掉头向下的第三个明确信号，表明即将开启一轮大熊市。

8.15　第九轮熊市

1929 年

10 月 4 日，下跌至 320½ 点。1 个月时间从顶部 386⅛ 点下跌了 66 个点。下一周是陡直且快速的次级反弹。

10 日，高点 358¾ 点，这是一个卖出位置。

19 日，这一周下跌至 321 点，基本与 10 月 4 日的底部 320½ 点持平。下一周，高点 333 点；随后跌破低点 320½ 点，接着是一轮毫无抵抗的下跌。

29 日，下跌至 212⅜ 点。成交量超过了 1600 万股，这是纽约股票交易所史上最大的单日成交量。这是一次恐慌。这里是买进等待反弹的位置。接着是一轮快速上涨。

31日，高点273½点。这轮反弹存在沉重的卖压。反弹约60个点后是一个卖出位置。随后继续下跌。

11月6日，低点232⅛点。

7日，温和反弹至239⅛点。

13日，紧接着一轮陡直下跌，在1929年11月13日到达了最终的低点195⅜点。70天时间下跌了约190个点。观察图表，可以发现在194～200点的区间，有一系列顶部和底部，使得这个位置附近可能会出现支撑和底部。在这次下跌过程中，成交量缩小，表明套现已经结束，市场正在获得支撑。该低点是恐慌后的一个买进位置。

在这种快速运动的市场中，通过一张包含最高价与最低价的日线图，注意第一次突破过去几天的顶部，可以得到应当买进的第一个标志。但是个人认为，当再次反弹到10月29日的底部212点的上方时，是这轮反弹进一步向上的标志，同时才是一个安全的买进位置。毕竟此时的市场运动非常快。

21日，高点250点。

26日，低点235½点。一轮次级回调，此时应当买进。

12月4日，高点254⅝点。这是市场走高的一个信号。

5日，低点251½点。随后恢复上涨。

7日，高点263½点。这轮四周的反弹未能到达老顶273点。但此时的价位足够高，可以出现一轮回调，并且随后很快就回调了。这是一个更低的顶部，因而是一个卖出位置。

21日，低点227¼点。

23日，低点226⅜点。从恐慌后的底部195⅜点开始第一次反弹后的次级回调，此低点在回调的50%位附近。这里是可以利用近距离止损单的买进位置。

◎ **精华笔记**

1. 当市场变得非常活跃时，应从使用月线或周线图表改为使用日线

第8章 江恩内训版道琼斯工业价格平均指数的形态与买卖点解析（1903—1939年）

图表进行分析。

观察从第九轮牛市转到第九轮熊市的过程，如图8-1所示。

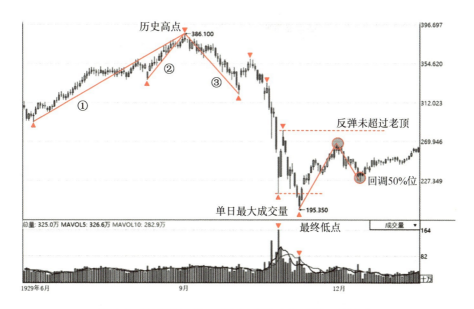

图8-1 道琼斯工业价格平均指数（1929年，日线）

上涨运动①，起点是1929年5月27日的低点290点，终点是9月3日的高点386⅛点。上涨运动①的空间大约为96点，时间有3个多月。

上涨运动②，起点是1929年8月9日的低点336⅛点，终点是9月3日的高点386⅛点。上涨空间②的空间大约为50点，时间不到1个月。

回调运动③，起点是1929年9月3日的高点386⅛点，终点是10月4日的低点320½点。回调运动③的空间大约为66点，时间大约是1个月。

由于回调运动③的空间比上涨运动②的空间更大（66＞50），导致回调运动③的终点（320½点）比起上涨运动②的起点（336⅛点）位置更低。从上涨运动②的起点到回调运动③的终点，这一段急涨急跌，既可以让投资者赚大钱，也可以让投资者眼巴巴地看着浮盈变亏损，属于高风险高收益的操作阶段。

2. 总结牛市转为熊市的市场信号。

第九轮牛市从1921年8月24日到1929年9月3日，这轮8年的牛市是当时最大的牛市。对于牛市转为熊市的信号，主要有以下几个判断依据。

（1）牛市期间的最大回调是44个点，如果从某个高点回调了44个点以上，那么趋势可能改变。

（2）最终顶部之前的最后一轮回调是41个点，如果由此高点回调了41个点以上，那么趋势可能改变。

（3）最终顶部之前的最后一轮小型回调是12个点，如果由此高点回调了12个点以上，那么趋势可能会发生改变，这是第一个信号。

最后一轮回调是从1929年5月11日的高点331点至5月27日的低点290点（从左往右，第一个向上的三角形对应的K线，一根十字星线）。回调经历大约半个月的时间，回调的空间约为41个点。

最后一轮小型回调是从1929年8月8日的高点352点，至8月9日的低点 $336\frac{1}{8}$ 点（从左往右，第二个向上的三角形对应的K线，一根向下跳空的阴线）。回调仅持续两个交易日，空间约为12个点。

回调运动③明确给出了牛市转为熊市的信号。因此，在回调运动③的终点出现之后，应等待反弹高点的出现，进行卖空。

3. 下降趋势的卖空位置分析。

在图8-1所示的第九轮熊市下跌过程中，江恩给出了两个卖出位置。

（1）高点 $358\frac{3}{4}$ 点，从左往右，第二个向下的三角形对应的K线，一根十字星线。

（2）高点333点，从左往右，第三个向下的三角形对应的K线，具有长上影线的阳线。

最后，再来观察图8-1中，当市场出现单日最大成交量之后的市场走势。

一轮恐慌性下跌至10月29日的低点 $212\frac{3}{8}$ 点。随后反弹两天，至10月29日的高点 $273\frac{1}{2}$ 点。尽管反弹了大约60个点，但上涨时成交量急剧缩小，表明了市场的卖压很大，买方力量不足。

4. 止跌反弹的分析。

市场继续下跌，至11月13日的低点 $195\frac{3}{8}$ 点。这是一个更低的低点，比起前一个低点成交量缩小了一半。尽管这里是一个买进位置，但江恩认为，回调至前一个低点上方，即 212 点之上才是安全的买进位置。

注意，12 月 7 日的反弹高点 263½ 点，比 10 月 29 日的高点 273½ 点低了 10 个点。江恩利用 11 月 13 日的低点 195⅜ 点与 12 月 7 日的反弹高点 263½ 点构成一个区间。区间的中位价计算过程如下：

$$中位价 = (195⅜ + 263½)/2 = 458⅞/2 = 229⁷⁄_{16}（点）$$

1930 年

1 月 4 日，这一周突破 246 点，是市场继续走高的信号。更安全的买点位置是突破了前一周的高点。之后在 242～244 点的区间有 3 个底部，有三周时间的顶部处在 252～253½ 点的区间。事实上，四周时间没有跌破底部区间，表明这个位置存在良好的支撑。这里也是买进位置。但更安全的买点是，突破过去四周的顶部 254 点。随后市场继续上涨，并突破了顶部 267 点。

2 月 13 日，高点 275 点，低于老底和老顶，因而是一个卖出位置。注意 1929 年 10 月 31 日的高点为 273½ 点。连续四周时间在 274～276 点的区间筑顶，预示着一轮回调。

3 月 1 日，这一周下跌至 260 点，两周回调了 15 个点。停留在老顶上方，说明获得了支撑，此处是一个买进位置。随后恢复上涨，指数反弹到了顶部 275 点的上方。接着回调至 268¾ 点，连续三周时间在这个位置筑底，由于未能跌破底部，预示着可能创出新高。市场继续上涨。

4 月 17 日，高点 297¼ 点。这轮次级反弹上涨了 37 个点。次级反弹的顶部是一个卖出位置。指数为什么会停在这个位置？回顾图表，就会发现在 292～298 点的区间有一系列底部。指数从极限低点 195⅜ 点上涨了 100 个点以上，此时正处于应当关注趋势是否变化的位置，还可能是卖出多头头寸并反手卖空的位置。这个位置有 3 个周线高点：一个 296¼ 点，一个 297¼ 点，还有一个 295 点。市场已经在没有跌破前一周底部的情况下上涨了 7 周时间。因此，小型趋势变化的第一个信号将是跌破前几周的底部。

26 日，这一周跌破了过去三周的低点，表明小型趋势已经掉头向下。此时卖出多头头寸并反手卖空是安全的。最大回调有 $40\frac{5}{8}$ 个点。在上涨 37 个点之前，回调有 15 个点。因此，如果出现一轮 15 个点的崩跌，则是趋势掉头向下的信号。

5月3日，这一周跌破了 282 点，下跌了 15 个点，并且在同一周跌到了老底 260 点的下方。

10日，这一周下跌至 $249\frac{1}{2}$ 点。注意，在 252～253 点的区间有个四周的老顶，表明这个位置附近可能存在支撑，随即发生一轮次级反弹。根据交易规则，一轮陡直下跌时间持续 3 周或更久之后，总会跟随一轮反弹。此时已经下跌三周，并且下跌了 47 个点，因此这轮反弹可能会陡直且快速。

17日，这一周上涨至 277 点。随后一周回调至 261 点，下一周反弹至 $276\frac{3}{4}$ 点。这是一个双重顶，也是一个卖出位置。此外还要注意 274 点附近的一系列老顶，该价位也是一个卖出位置。但是，安全的卖出位置是 269 点附近，因为三周时间筑顶后，跌回到了上一周的低点下方。下一个市场疲软的信号是，跌破周线老底 261 点，预示着市场还会走低。

6月14日，这一周跌破了 $244\frac{3}{4}$ 点附近的四周老底。

24日，低点 207 点。四周的陡直下跌进入尾声。尽管主要趋势明显向下，但到了反弹的时候。

7月5日，突破了前一周的高点，上涨至 229 点。出现回调的信号，随后回调了一周。

12日，这一周下跌至 215 点，形成比前一周更高的底部，停留在 1929 年 10 月 29 日的低点 $212\frac{3}{8}$ 点上方，这是市场暂时获得支撑的信号。该低点是一个买进位置。

31日，恢复上涨，突破了老顶 229 点。在 7 月 31 日上涨至 243 点，这是一个卖出位置。在 241～243 点的区间存在老顶，表明市场可能遭遇阻力。回顾图表，1930 年 1 月份在 243～245 点附近的区间有连续四周时间的底部，说明这里是个阻力位置。随后市场出现一轮两周的快速回调。

8月16日，这一周下跌至 $214\frac{1}{2}$ 点。与 7 月份的低点 215 点构成双重底。同时也是第三个更高的底部，是可以利用近距离止损单的买进时机，尤其是考虑到这次回调仅持续了两周。接着一轮上涨。

9月10日，高点247¼点。这是最终的高点，是一个卖出位置。注意，它低于1930年2月的底部250点，同时也低于5月的低点249½点。由于在241～243点附近有老顶，下一次反弹又在244½～247¼点筑顶，说明市场在这个位置附近遭遇大量的卖盘。

20日，这一周跌破了过去三周的低点，此时成交量扩大，随后快速下跌。这是小型趋势掉头向下的第一个标志，也是再次卖空的安全信号。

10月4日，这一周跌破了最近的底部207点。

11日，这一周跌破了1929年11月13日的低点195⅜点，这是大幅下跌的信号。

11月15日，低点168⅜点。注意，1926年7月和8月在166点附近有一系列老顶。那么经过9周时间陡直且剧烈的下跌后，该低点是合理的反弹位置，也是买进位置。

29日，反弹10天时间，连续两周在191¼点附近筑顶。这里是老底的下方，也是卖出位置。没能触及1929年11月的低点195⅜点，是市场疲软的信号。回顾图表，可以发现1928年2月，在191～192点附近有三个周线底部。而在1930年11月末的那周，反弹高点为191¼点。由于反弹没有触及老底，预示着可能跌出新低。

12月3日，（小型趋势向下的）第一个信号是，这一周回跌到过去三周的底部下方。这轮下跌很急促，且一轮恐慌性下跌结束。

17日，极限低点154½点。回顾1927年1月份，可以发现在154¼点有两个底部，而且当时最后的低点为152¾点。由于这个位置有一系列老底，使得该极限低点是合理的支撑位和反弹点。随后快速反弹至170点。接着回调至158½点，这个位置有两周的底部，也是安全的买进点。

1931年

1月9日，高点175½点，这是一个卖出位置。反弹有三周时间，但未能维持住。随后的次级回调持续了两周。

19日，低点160½点。这是一个安全的买进点，利用近距离止损单，在低点 158½ 点的下方设置止损单做保护。接着是一轮反弹。在 172～172¾ 点附近有老顶，当老顶被突破时是更安全的买进点。

2 月 14 日，这一周突破了老顶，还突破了 175½ 点的顶部，因而此处是一个买进位置。随后市场陡直上涨。

24 日，高点 196⅞ 点。考虑到 1929 年 11 月 13 日最终的低点 195⅜ 点，1930 年 11 月份的老顶 191¼ 点，该高点是合理的卖出位置。老底变成顶部。从 1930 年 12 月 17 日的低点 154½ 点到高点 196⅞ 点，其间的最大回调有 15 个点。因此，从顶部回调 15 个点以上将是市场继续走低的明确信号。而小型趋势掉头向下的第一个标志是 2 月结束那一周跌破了周线底部 187¼ 点。

3 月 7 日，这一周下跌至 180 点的下方。

13 日，下跌至 1931 年 1 月 9 日的老顶 175⅞ 点，这是合理的反弹点。接着市场反弹一周，在 3 月 21 日结束的那一周上涨至 189¼ 点，这里是卖出位置。随后主要趋势掉头向下。下一周，跌破了老底 175 点，表明主要趋势再次向下。下一个应注意的位置是 1930 年 12 月的低点 154½ 点。由于卖盘非常大，市场毫不犹豫，径直下跌至该低点。

4 月 29 日，下跌至 141¾ 点。

5 月 9 日，反弹至 156⅛ 点，恰好高于老底 154½ 点。这里是卖出位置。反弹一周后，趋势继续向下。

6 月 2 日，一轮恐慌性下跌，低点 120 点。这是 1919 年的老顶附近，也是一个合理买进等待反弹的位置，尤其是在一轮陡直且剧烈的下跌之后。接着陡直且快速反弹到了 139½ 点。接着回调至 128 点附近，在这个位置附近，有两周时间筑底，表明市场在此获得了良好的支撑。这是次级回调中的买进点。

27 日，这一周突破了老底 140 点，并且快速上涨至 156⅞ 点，恰好比老顶 156⅛ 点更高，考虑到 1930 年 12 月的低点 154½ 点，这里是合理的卖出位置。实际上，这只是三周时间的反弹，接着两周下跌，形成更低的顶部。

7 月 11 日，这一周跌破了前一周的低点，表明趋势已经再次掉头向下，应当再次卖空。

第8章　江恩内训版道琼斯工业价格平均指数的形态与买卖点解析（1903—1939年）

8月6日，下跌至132½点，并且在这个位置附近，三周时间筑底。接着应发生反弹了。

15日，反弹至146½点，形成了第三个更低的顶部。接着两周时间，维持在136～148点的区间内。

9月5日，这一周开始了一轮陡直的下跌，指数回跌到了四周时间的老底132点下方，预示着市场即将大幅走低。接着下跌变得更加剧烈，成交量也在放大。在没有反弹的情况下，径直下跌到老底120点附近，这是市场大幅走低的标志。

10月5日，低点85½点。注意，1923年10月27日的最后低点85¾点。因此，85½点或者85～88⅜点的区间，都是合理买进等待反弹的位置，尤其是在恐慌性下跌之后。接着是一轮陡直且快速的反弹，其间只有小幅回调。

24日，上涨至100½点。

29日，次级回调至98¼点，恰好低于100点。这是一个支撑位，因为这些位置附近有一些老顶和老底。随后恢复上涨，而且突破了四周时间的顶部，到达108～110点附近。

11月9日，高点119½点，低于1931年6月2日的低点120点以及1919年11月的老顶119⅝点。这里是合理的卖出多头头寸并反手卖空的位置。在突破这个老顶和老底的位置之前，不要买进。从10月份的低点85½点到这个高点119½点，其间的最大回调有11个点。因此，从高点下跌超过11个点，将是市场走低的信号。而跌破前一周的底部，将标志着趋势再次向下。

21日，快速下跌了12个点以上，并且这一周跌破了过去四周的底部，表明主要趋势向下。

12月12日，这一周跌破了低点85½点，这是主要趋势向下的标志，熊市还将继续。其间的反弹非常小。

1932年

1月5日，低点70½点。回顾1921年10月17日的低点70点，在64～66点的区间还有一些老底。过去两周已经从72点开始反弹。因此，这个低点仅比前一个底部低2个点，表明这个位置附近存在支撑，是买进位置。接着是一轮陡直的反弹。

14日，高点89½点，恰好位于老底85½点的上方。市场在这个位置附近遭遇卖盘。

2月10日，下跌至71点，比前一个底部仅高不到1个点，在这个位置附近形成了三个底部，因而是一个利用止损单买进的位置。接着是一轮反弹。

3月8日，高点89½点，与1月14日的高点89½点构成双重顶。市场第三次上涨到这个位置附近，但未能突破。随后市场变得非常沉闷且狭窄，表明这轮反弹的顶部不存在大量买盘，仍然应当卖空。

19日，本周市场向下的第一个信号是，跌回到过去几周的底部下方，并且跌破了81～83½点附近的老底，之后继续顺势向下。

4月7日，这一周跌破了老底70点，表明市场处于非常弱势的状态，主要趋势仍然向下。要记住这条交易规则：价格越低，反弹越小，直到出现最终的底部并彻底清洗了卖盘。随后下跌继续，陆续跌破了1921年和1917年的64～66点的各个老底。市场没有出现支撑，表明恐慌的最终阶段正在进行，在套现结束之前，不会发生反弹。跌破了64点之后，下一个要注意的位置是1914年的低点53点，这是过去几年的支撑位。

5月4日，下跌至52½点并在这个老底获得支撑。接着是一轮快速的反弹。

7日，高点60点。这轮反弹只有3天，没能持续。接着继续下跌，指数跌破了51½～52点的各个老底。下一个应注意可能筑底的位置是1898年3月25日的老底42点，以及1897年4月19日更低的底部38½点。而1903年11月9日的最后低点是42½点，因此，42点附近有多个老底，38½～42点的区间都是应当注意出现底部的合理位置。根据交易规则，哪里存在一系列老底，哪里就可能出现支撑。

6月2日，低点43½点。

4日，快速反弹至51½点。自89½点开始下跌以来第一次反弹了8个点。然而这次反弹未能持续。

9日，跌回至44½点。

16日，反弹至51点，未能触及前一个顶部51½点，表明套现仍在进行，应当在反弹后卖出。随后继续下跌,跌破了低点 43½ 点。

7月8日,低点 40½ 点。在老支撑位 42 点的下方 1½ 个点获得了支撑,结束了这轮巨大的熊市。

在 34 个月的时间里,道琼斯工业价格平均指数下跌了 345½ 个点,30 多年的赢利一扫而空。每个人在下跌过程中都持续买进,过度买进,最终必须全部卖出,因为人们对市场失去了信心。在上涨过程中也一样,价格摆动到极低的位置,然后运动到让人难以置信的极高的位置。但是,这就是人们利用知识和时间赚钱的时机,不过需要懂得利用极端价格优势的时机,并懂得利用公众出于希望买进以及出于恐惧卖出的时机。

市场正在接近底部的第一个信号是 6 月 11 日那一周指数先是维持在 1 个点内的窄幅交易区间,随后下一周反弹了 11 个点,自 3 月 9 日在 89½ 点掉头向下,首次比前一周的高点更高。接着指数从高点 51½ 点继续下跌了三周。交易者能明显看出,相对于过去恐慌时期的高价位置,这时的价格已经足够低了。然而,市场下跌的时间如此之久,人们早已失去希望,恐惧笼罩着他们。因此,应该等待市场出现明确的信号,指示趋势已经掉头向上,在非常接近低点的低价位置,坚持买进。

回顾:熊市的最后下跌或最后阶段是从 1931 年 11 月 9 日的高点 119½ 点到 1932 年 7 月 8 日的低点 40½ 点。最大反弹是从 70 点到 89½ 点,有 19 个点。后续反弹有 8 个点左右。因此,当指数上涨了 8 个点以上时,将是继续走高的第一个信号。而上涨了 19 个点以上,预示着进一步的上涨。

8.16 第十轮牛市

1932 年

7月,连续两周的顶部分别位于 44¾ 点和 44½ 点。

16 日,这一周突破了 45 点,上涨到过去两周的顶部上方,表明小型趋势已经掉头向上,此时买进是安全的。

30 日,这一周突破了 53 点,运行到了过去九周的顶部上方,还突破了前几轮反弹的顶部，上涨了 10 个点以上。这是主要趋势已经掉头向上的标志。当指数位于 52 点时，买进等待进一步上涨是安全的。一轮陡直的下跌之后，消化了大量的套现，这轮上涨自然很迅速。

9 月 8 日，上涨至 81½ 点。从 7 月 8 日的低点 40½ 点开始，已经上涨了 9 周，每一周都形成了更高的底部和更高的顶部。此时上涨到了各个老底的下方，涨了 41 个点，或者说，从低点起始的涨幅达 100%。若指数突破 89 点，则是一轮大型牛市的确切标志，市场还将继续走高。通常在一轮陡直的上涨后，总会出现次级回调。因此，第一个卖出信号是当跌破前一周的底部时，尤其是在市场已经连续上涨了 9 周之后。

17 日，上述的信号在这一周出现了。指数跌破了前几个底部，陡直下跌至 64½ 点，10 天内下跌了 17 个点。由于 64½ 点位于前几周的顶部上方以及 1921 年的老底 64 点的上方，因此这里是一个反弹点。随后反弹至 76 点，下一周在 75½ 点筑顶，未能触及老底 77 点，说明此处存在大量卖盘，也是市场走低的一个标志。接着继续下跌，跌破了前几周的各个底部。

10 月 15 日，这一周下跌至 57 点。随后一周反弹，至 66 点，恰好位于老底上方。接着次级回调至 57½ 点，与 57 点构成双重底。这里是买进位置。然后反弹一周，至 68¾ 点。突破了过去四周的顶部，但这轮反弹未能持续到下一周，表明此处存在大量卖盘。

11 月 26 日，这一周跌破了之前的双重底。

12 月 3 日，这一周下跌至 55¼ 点。此时市场已经收窄为缓慢的交易区间。接着反弹两周。

15 日，反弹至 62¾ 点。随后回调一周，至 56 点。由于在 55¼～57½ 点的区间有一系列底部，这个位置可能是良好的支撑。接着是一轮反弹。

1933 年

1 月 14 日，高点 65½ 点，再次突破了过去几周的顶部，但未能继续，而是形成了一个更低的顶部。最后的高点 68 点，是一个卖出位置。随后在窄幅区间内维持了两周。接着跌破了过去两周的底部，预示着还可能跌出新低。然后跌破了底部 55 点。

第8章 江恩内训版道琼斯工业价格平均指数的形态与买卖点解析（1903—1939年）

2月27日，下跌至49½点，此时美国各地的银行正在倒闭。该低点是次级回调的买进位置。

3月4日，罗斯福总统宣誓就任美国总统，并且关闭了所有银行和股票交易所。该消息已经是可能出现的最坏情形，然而指数却出现了最终低点，另一轮大型牛市开始了。由此对比1929年的顶部，那时消息都是利好的，每个人都充满了希望。然而，当消息都是各地银行在倒闭，仿佛世界末日来临时，指数却筑底，要开启一轮牛市了。换句话说，牛市在黑暗中开始，在繁荣中结束。指数从81½点下跌至49½点，下跌了32个点之后，维持在49½点附近，恰好在老顶51点的下方，比恐慌后的低点高8个点。趋势改变的时候到了，尤其是在连续7周的底部都降低之后。股票交易所恢复营业，指数的开盘价比过去两周的顶部更高——开盘在57点之上。

16日，上涨至64½点，比1月14日的顶部65½点低1个点。这里是卖出位置。

4月1日，接着回调两周，至54¾点。这是第一轮陡直反弹之后的一轮次级回调。从顶部81½点到49½点，其间的最大反弹有11个点。因此，当上涨至64½点时，涨了15个点，这是趋势已经改变的信号。可以在次级反弹后买进。第一个买点信号是在54¾点之后，突破了前一周的高点58点。另一个安全的买点是，突破过去两周的高点61点时。之后，突破老顶65～66点时，也是安全的买进位置。突破69点，又是安全的买进位置，原因是市场在原本可能出现回调的位置，毫不犹豫地突破了这些老顶。这时，吸筹期已经足够长，套现的卖盘也已消化殆尽，市场几乎没有卖盘，于是市场快速上涨。

5月6日，这一周突破1932年9月8日的老顶81½点，并且只回调至76点。这里有三个老顶，所以是安全的买进位置。随后突破了81点，预示着一轮明显的牛市，还可能创出新高。随后指数快速上涨，径直运行到了1932年初的老顶89点附近，回调很小。

6月13日，高点97½点。

16日，低点86½点，3天时间下跌了11个点。随后恢复上涨。

7月17日，高点110½点。注意，在108点和110½～112点附近有一系列老顶，因而该高点是一个卖出位置。过去4个半月时间，上涨了60个点。从1933年3月至7月份的这段上涨，成交量也在短期内是最大值。人们已经恢复信心，陆续买进，希望并相信还会出现与1929年类似的大牛市。大家都在过度交易。要把人们吓跑，并引起陡直的下跌，只需要一些不利的消息。由于严重过度买进各种谷物（合约），E.A.克劳福德博士的破产引发了商品期货的下跌，股市的下跌紧随其后。

在高点110½点之前，指数有两周时间在低点101½点与高点107½点之间运动。由于突破两周的顶部3个点后立即回跌，表明在这个位置遭遇了沉重的卖压。趋势改变的第一个信号是3月份的次级回调，从64½点回到54¾点。6月份有一轮回调，仅持续3天时间，也是10个点。为避免市场不确定的影响，当指数下跌了10个点以上，即跌至99点时，可以认为主要趋势掉头向下。此时市场已经跌破了过去两周的低点，日成交量也达到700万～1000万股，股票被不顾价格地抛售，市场快速下跌。

21日，下跌至84¼点，4天时间，下跌了26¼个点。这是一次猛烈的彻底清洗。但是由于并未触及老顶81½点，说明84¼点是一个支撑位。随后反弹，此处是一个买进位置。接着快速反弹至97点；然后次级回调至87¾点；随后缓慢上涨。

9月18日，高点107½点，一个更低的顶部，是一个卖出位置。过去三周的高点在105¾点附近，一个高点106½点，表明市场在之前的顶部下方遭遇沉重的卖压。这轮上涨的最大回调有9个点，因此，下跌9个点或者说跌破了前几周的底部将是市场走低的信号。

23日，这一周跌回到过去几周的底部下方，下跌至95½点。

10月7日，这一周下跌至91½点。随后反弹一周，高点为100¾点，位于一系列底部的下方。100点始终是一个卖出点。从这个位置开始出现一轮陡直下跌。

21日，低点82½点。从9月18日的高点107½点下跌了25个点，四周时间跌至7月21日的底部84¼点下方2个点，未能触及低点81½点，说明在这个位置附近获得了良好的支撑。此处是一个买进位置。

25日，上涨至95¾点。这是一轮快速且陡直的反弹。

10月31日，次级回调至86½点。这是次级回调中最安全的买进位置，同时要利用老底下方的近距离止损单做保护。随后恢复上涨，在回调非常小的情况下继续走高。

12月11日，高点104½点，第三个更低的顶部。这是一个卖出位置，市场仍然正在遭遇阻力。接着是回调两周。

20日，低点93½点。注意1933年10月在这个位置附近有一系列顶部。市场在93½～96½点之间形成了四周的底部，表明市场在这个位置获得了良好的支撑，尤其是先反弹至101¾点，然后又回跌至96点。此处是一个安全的买进位置，同时要利用止损单做保护。

接着恢复上涨，市场继续向上运动。

◎ 精华笔记

1. 经历了两年多的下跌，市场的成交量在逐渐减少，继续分析下降趋势以及做空的位置。

观察从第九轮熊市转到第十轮牛市的过程，如图8-2所示。

从左往右，第一个向下的三角形对应的K线（一根十字星线）是1931年2月的反弹高点196⅞点。它与1929年11月13日的低点195⅜点比较接近。参考图8-1中的最终低点，该位置附近从一个老的支撑位转为阻力位的可能性很大，可以进行卖空。

从左往右，第二个向下的三角形对应的K线（一根中阳线）是1931年3月的反弹高点189¼点。这个位置附近可以卖空的原因是，从前高196⅞点跌破180点后，反弹仅1周左右的时间，并且没有触及190点便掉头向下。

从左往右，第三个向下的三角形对应的K线（一根中阳线）是1931年5月的反弹高点156⅛点。这个位置附近可以继续卖空，原因是从前高189¼点下跌到141¾点，这轮下跌持续大约6周时间（周线图上的连续6

根阴线），而反弹仅1周左右的时间，并且接近1930年12月的老底154½点，随后继续下跌。

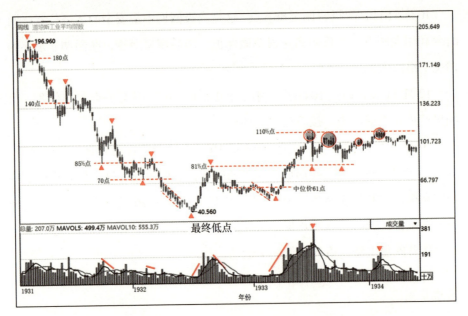

图8-2 道琼斯工业价格平均指数（1931—1934年，周线）

从左往右，第四个向下的三角形对应的K线（一根大阳线）是1931年6月的反弹高点156⅞点。这个位置以及随后两周市场回到该位置附近时也可以卖空。

从左往右，第五个向下的三角形对应的K线（一根中阴线）是1931年11月的反弹高点119½点。在这个位置附近应清掉之前的多头头寸，并反手做空。市场从5周前的低点85½点已经反弹了34点。在这一轮上涨过程中，最大的回调有11个点，而且这段反弹是缩量的。后续下跌超过了11个点，可以视为短期的反弹上涨结束，市场恢复主要趋势向下。

1932年1月和2月，市场在70点位置附近出现支撑，开始做多。

但是，观察从左往右第六个向下的三角形对应的K线（一根阴线）是1932年3月的反弹高点89½点。这段上涨与前一轮反弹类似，成交量不足。在高点位置附近可以继续做空。

第8章　江恩内训版道琼斯工业价格平均指数的形态与买卖点解析（1903—1939年）

1932年4月跌破了70点之后，形成了下降通道。这是市场较弱的状态。

2. 底部反弹的分析。

1932年7月8日的最终低点为40½点，随后的上涨开始放量。在这段上涨的过程中，突破45点和突破50点都是安全的买进位置。

这轮上涨到达9月8日的高点81½点，然后开始回落。41个点的上涨，指数翻了一倍。仔细观察从高点回落到中位价61点附近的过程。

3. 反弹回落的分析。

从高点回落到中位价附近，成交量缩小了一半。之后市场在中位价附近做横盘整理，其间的成交量不大。

从1933年1月中旬至3月初又形成了一个下降通道。低点49½点，对应了图3-1中的次级底部。

两个下降通道的起点都在66点附近，但第二个下降通道在趋势改变时，凭借周线级别向上跳空的缺口，市场终止下跌。比起前一个下降通道的结束过程，市场表现得更强。

重点观察市场回踩缺口的过程，回调缩量的几周是进场的最佳位置（从左往右，第四个向上的三角形对应的K线附近）。具体的买进操作需在日线图上仔细规划。

4. 再吸筹区的分析。

从1933年2月27日的低点49½点上涨到7月17日的高点110½点，这一段上升趋势整体呈现出上涨放量、下跌缩量的特点。

7月17日（周一），这一周市场趋势急转直下（从左往右，第一个圆圈对应的大阴线）。7月21日（周五）的低点为84¼点，没有触及81点。5个交易日，价格空间约为26¼点，成交量巨大。

然而，市场并没有继续下跌，而是在缓慢回升。9月18日的高点107½点（从左往右，第二个圆圈对应的阴线）比前一个高点要低，然后开始回调。10月21日的低点82½点也没有触及81点。

市场在7月17日这一周之后处于再吸筹区，而不是在派发，主要体现成交量方面。在81点上方与110点附近构成的区间内，成交量不算大。尤其注意1934年2月5日的高点111½点（从左往右，第四个圆圈对应的阴线），大约是7月17日这一周成交量的一半。并且随后一周不是继续下跌的阴线，而是一根止跌的小阳线。

1934年

2月5日，高点111½点，比1933年7月17日的高点110½点高1个点，这里是一个卖出位置。此时成交量非常大。市场由于太过疲软，无法突破老顶112½点。接着是快速且陡直的下跌。

10日，低点103点，从顶部111½点下跌了8½个点。这是市场正在遭遇沉重卖压的明确信号。从低点82½点至111½点，其间的最大回调有11个点。这轮8½个点的快速下跌并不足以给出市场即将走低的信号。接着是一轮反弹。

15日，高点109½点，距离老顶111½点差2个点。这是此处遇到大量卖盘的标志。

3月3日，本周出现了市场即将走低的明确信号，跌回至过去三周的低点下方。然后继续下跌。

27日，低点97点，从老顶下跌了14½个点，空间运动可能发生逆转。在96点附近存在老底，因而这里是一个买进位置。维持在老底上方，说明可能会发生反弹。一轮反弹接踵而至。

4月11日，高点107点。这是一个卖出位置。这里形成了两周的顶部，而且三周的底部在102½点附近，再次表明此处存在大量卖盘。

5月5日，这一周跌破了过去三周的底部，表明主要趋势再次掉头向下。随后继续下跌。

14日，低点89点。随后反弹至96点，这是一个卖出位置。接着回调至90点。这里形成了5周的底部，说明此低点是一个买进位置。

6月19日，高点101点，未能触及前一轮涨过100点后的老底，这里是老的卖出位置。反弹三周，依然有大量卖盘。接着回调至94½点，在跌破了过去几周的底部后，又回到了老顶下方。

7月14日，这一周反弹无力，到达99½点，一个更低的顶部。市场卖压沉重，接着是一轮陡直且剧烈的下跌。

26日，低点84½点。底部的单日成交量达300万股，是近几个月的最大值，表明出现了大量的套现，市场正在形成最终的底部。与1933年7月21日的低点84¼点相同，并且在1933年10月21日的低点82½点上方，表明市场在此处获得了良好的支撑。事实上，由于再也没触及1932年9月8日的老顶81½点，表明突破该老顶后，这个位置附近是底部和买进位置。随后市场快速反弹。

8月25日，高点96点，这里是卖出位置。接着是一轮次级回调。

9月17日，低点85¾点，一个更高的底部。事实上，这个位置附近有两周的底部。这是一个安全的买进点。在同一个位置附近出现三重底之后，如果又出现了更高的底部，这是市场在此获得了良好支撑的标志，此时应当买进。

10月17日，高点96点，与8月25日高点96点相同，是一个卖出位置。这个位置附近有四周的顶部。

11月10日，这一周回调至92点，这是最后的低点。仔细回顾图表，可以在这个位置附近发现一系列底部和顶部。使得这次回调是一轮合理的回调，并且该位置是最近1～2周回调中的合理支撑位。随后立即出现上冲。

12月24日，这一周突破了6周的底部96点，这是市场走高的标志。12月5日，高点104½点。12月20日，回调的低点99点，回到了老的支撑位。

1935年

1月7日，高点107点，没有触及1934年2月份的高点111½点。这是一个卖出位置。

15日，低点99点，回调至12月20日的低点99点。这是一个买进位置。

21日，高点103点。

2月6日，高点99½点。第三次来到这个位置附近，但略高。

18日，高点108½点，比1934年4月份的高点107点高1½个点，比1934年2月15日的高点109½点低1个点。这里是一个卖出位置。

3月18日，低点95½点，回到曾经突破过的一系列老顶的位置附近，这里是一个合理的支撑位和买进位。这几周的下跌抛售很轻，因为在突破了104~106点的一系列老顶后，有一个月的时间回调。然而，当突破过去几周的顶部后，市场给出了明确的上涨信号，这里是安全的买进位置。

4月6日，这一周上涨，并且突破了过去三周的顶部，表明主要趋势再次掉头向上。

27日，这一周持续上涨，突破了108点，还突破了位于111½点的老顶，到达112½点。下一周回调至107¾点，恰好在老顶附近。这里是创新高之后安全的买进点。

5月24日，高点117½点。市场在这个位置附近形成了三周的顶部。由于恰好在老底119⅝点与1931年11月9日的老顶119½点下方，故而这里是卖出位置。市场会在这些老的位置附近自然遇到卖盘。随后是一轮温和的回调。

6月1日，低点108½点，恰好回到了2月18日的高点108½点。这里是安全的买进位置，比5月初的低点位置更高。实际上，这轮回调仅有一周时间，接着很快恢复上涨。

15日，这一周突破了老顶117½点，并径直突破了一系列老顶和老底所在的120点，仅在121½点附近有所犹豫，然后回调了约4个点。随后市场继续走高，其间的回调幅度非常小。

8月14日，高点129½点。

20日，低点125点，这轮回调停留在各个老顶和老底的位置上方。

9月18日，高点135½点。在过去的行情中，这个位置附近有一些老底和老顶。对于中等规模的回调来说，这里是一个很自然的高点。该点是一个卖出位置。

10月3日，低点127点，回调两周时间。三周时间，在127~128点的区间筑底，并且这个位置比上一个低点125点高了2个点。因而这里是买进位置。

第8章 江恩内训版道琼斯工业价格平均指数的形态与买卖点解析（1903—1939年）

随后恢复上涨，突破了老顶 135½ 点，预示着可能创出新高。

11 月 20 日，高点 149½ 点。在过去的行情中，在 147～148 点附近有一些老顶。该高点可能是阻力位。后面至少可能会有一轮回调。这里是卖出位置。

12 月 19 日，低点 138¼ 点，是一个买进位置。从 1934 年 7 月 26 日的低点 84½ 点以来，最大回调有 12 个点，也有回调 10 个点的情况。从 1935 年 11 月 20 日的高点 149½ 点，到 1935 年 12 月 19 日的低点 138¼ 点，下跌约 11¼ 个点，属于正常回调。在市场跌回到某个老底的下方或者回跌超过 12 个点之前，市场仍然是牛市，主要趋势还是向上。接着是一轮反弹。

1936 年

1 月 10 日，高点 148½ 点，形成一个略低的顶部。这是一个卖出位置。

21 日，低点 142½ 点，一个更高的底部。这是一个买进位置。

2 月，突破了高点 149½ 点，并且继续上涨。

3 月 6 日，高点 159½ 点。注意 1931 年 6 月与 7 月间的老顶 157½ 点。该高点可能是市场回调的位置，因而是一个卖出位置。此外 154½ 点附近还存在老底。

13 日，低点 149 点。这轮回调有 10½ 个点，与之前的回调幅度差不多。回调仅持续了 1 周，因而该低点是一个买进位置。

随后继续上涨，而且从当前位置进入了新的高价位置。

4 月 6 日，高点 163 点。这一周的低点是 159½ 点，令此周为在顶部窄幅波动的一周。该高点是卖出位置。前一周的高点是 161¾ 点，表明顶部区间非常小。下一周，跌破了前一周的低点，表明小型趋势发生了变化。接着是一轮陡直的下跌。

30 日，低点 141½ 点，下跌了 21½ 个点，自从 1934 年 7 月 26 日的低点 84½ 点以来的最大回调，持续略微超过三周时间，属于牛市的正常回调。该低点是一个买进位置。而 1935 年 12 月 19 日的最后低点是 138¼ 点。本轮回调的低点仍旧比前一个低点更高。如果说熊市要开始了，那么应跌破低点 138¼ 点。并且如果主要趋势掉头向下，那就应当继续下跌三周时间。

然而，市场并没有继续下跌，而是立即开始上涨。

5月23日，这一周在152½点附近有两个顶部，并且出现了第三个更高的底部。

30日，这一周上涨至153½点，随后回调至148½点，维持在老顶位置上方，表明市场很强劲。这是回调后不错的买进位置。随后继续上涨。

6月27日，高点161点。

7月11日，这一周回调至1930年12月的老底154½点。接下来两周没有继续下跌，表明市场很强劲。

18日，上涨至新的高点165点，是市场继续走高的信号。

8月10日，高点170½点，这是一个卖出位置。

21日，低点161点。这是一轮11天的回调，下跌了9个点。该低点是一个买进位置。

9月8日，上涨至新的高点171点，这是一个卖出位置。随后出现回调。

23日，低点165点。保持在过去几周的顶部上方，因而该低点是一个买进位置。这轮回调只有6个点，也是市场强劲的信号。随后市场继续走高。

10月19日，高点179点。

26日，低点173点。又回调了一周，接着涨到了新的高点。

11月18日，高点187点，这是一个卖出位置。

12月21日，低点175点。这轮回调有12个点。这里是一个买进位置。随后恢复上涨。

1937年

1月22日，高点187点。与1936年11月18日的高点187点构成双重顶。该高点是一个卖出位置。

27日，低点182½点。这轮回调有5个点，该低点是一个买进位置。

2月11日，高点191点，一个新的高点，是市场走高的信号。

24日，低点185点。这轮回调有6个点。这是一个更高的支撑位。

3月8日，高点195½点，这轮牛市的终点。为何该高点会是顶部呢？回

第8章 江恩内训版道琼斯工业价格平均指数的形态与买卖点解析（1903—1939年）

顾图表，可以看到1929年11月13日的低点195⅜点与1931年2月24日的高点196⅞点，尤其是在1931年主要趋势掉头向下之后持续下跌，使得附近有老顶和老底的高点195½点是合理的卖出位置。但是，为了确定此位置不再被向上突破，必须等待跌破前一周的底部之后，或者空间运动满足后，再卖出。

回顾：从1934年7月26日的低点84½点，到1937年3月8日的高点195½点，最大回调是1936年4月份从163点到141½点，有21½个点。因此，当指数回跌了21½个点以上时，将是熊市即将开始的信号，说明主要趋势已经掉头向下。最后一轮回调是1936年12月下跌至低点175点，下跌了12个点。因此，回跌12个点以上，将是主要趋势掉头向下的第一个信号。1937年2月，在185～186点的区间有三周的底部，当跌破这些底部时，也将是主要趋势改变的信号。

◉ 精华笔记

1. 分析再吸筹区的结束信号。

1934年7月26日的低点84½点，也是一个81点上方的底部。从1933年7月17日这一周起算，一年多的时间里，市场在大约26个点的区间内运动，成交量也不大。

7月26日（周四），单日成交量是近几个月以来的最大值。这一周的成交量也是继1934年2月5日以来最大的单周成交量，明显比过去20多周以来的单周成交量更高。

2. 上涨阶段的回调分析。

从1934年7月26日的低点84½点，到1937年3月8日的高点195½点，这是一段持续两年多的牛市。其间的最大回调和最后回调，如图8-3所示。

最大回调，起点是1936年4月6日的高点163点，终点是4月30日的低点141½点，不到一个月的时间，回调了21½个点。

最后的回调，起点是1936年11月18日的高点187点，终点是12月

21日的低点175点，历时大约一个月，回调了12个点。

3. 顶部区间的卖空位置分析。

观察1936年11月18日的高点187点与前一周的周K线（从左往右，第二个向下的三角形对应的K线）。这两根K线的上影线相对较长，收盘价也低于185点。比起前两根上涨的阳线，这两根K线属于缩量上涨，需要投资者警惕。

（1）市场从最后回调的低点位置开始反弹，此时需要密切关注185点位置附近的价格行为。在图8-3中，从左往右第一个圆圈位置附近，虽然市场的价格在创出新高，但是成交量依然没有跟上。

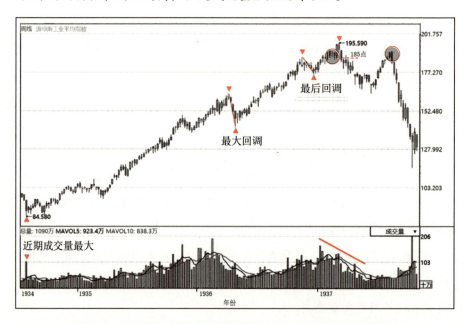

图8-3　道琼斯工业价格平均指数（1934—1937年，周线）

（2）从1937年3月8日的高点195½点开始，市场持续下跌。江恩认为，在跌破185点后是安全的卖空位置。

（3）从左往右第二个圆圈位置附近是1938年8月14日（周六）的高点190½点。这是比195½点更低的顶部。8月14日的下一周，市场出现恐慌性下跌。

8.17 第十轮熊市

1937 年　第一轮下跌陡直且剧烈

3月27日，这一周下跌至183½点，跌破了过去四周的底部，从3月8日的高点195½点开始，这轮下跌有12个点。随后继续下跌。当跌破185点时，卖空更安全。

4月9日，低点175点。注意1936年12月的低点175点，这个位置是合理的支撑位，也是买进等待反弹的位置。随后有两周时间，底部在176点附近。

22日，反弹至185点，位于老底的下方，是一个卖出位置。接着是一轮陡直的下跌，跌破了175点，这是老底和老的支撑位。

28日，低点169点。

5月7日，高点176½点，反弹到各个老底的下方，这是一个自然的卖出点。

18日，低点166点。注意，165点附近有一些老底，170点附近有一些老顶。在这个位置附近市场可能开始反弹，是一个买进位置。

24日，高点176点，回到了老底和老顶的位置附近，由于未能成功突破，这里是一个卖出点。随后反弹至前几周的底部下方，然后陡直下跌。

6月17日，低点163点。注意，164¾点存在老底，而1936年4月6日的高点为163点，令该低点可能是支撑位和买进位。此外，1936年8月21日的低点为161点，这些令163点这个低点很可能是反弹点。从3月8日的高点195½点到现在，3个月的时间里尚未出现过真正的次级反弹，因而可以注意小型趋势的变化信号，以便买进等待反弹。随后反弹至172点，接着又回调至166点。这轮反弹期间应当买进，同时要在各个老底下方设置止损单做保护。然后重新开始上涨，突破了前几周的顶部，然后突破了176点，这是市场走高的信号。这次上涨缓慢，比起1937年3月8日的顶部附近，成交量要小得多。

8月14日，高点190½点，一个比主要顶部更低的顶部，是一个卖出位置。在185½～190½点的区间有两周的底部。自6月17日的低点上涨以来，周线图上的底部逐渐抬高。

21日，这一周跌回至过去两周的底部下方时，趋势再次掉头向下，应当卖空。从163点上涨到190½点，最大回调有5个点。因此，当回跌5个点以上时，就令空间运动失衡了。这是市场走低的明确信号。随后快速下跌，而且在一系列顶部和底部176点附近时，市场毫不犹豫，也没有任何支撑。接着继续下跌，到达老底163点。这个位置也没有任何反弹或支撑。最终跌破了低点160点，并继续下跌。

9月24日，低点147点。下跌到老顶的位置，此处曾有几周的底部，因而是一个买进位置。

30日，高点156½点。这轮反弹有9½个点，由于上涨到老底和老顶的位置下方，使得该高点是一个卖出位置。

10月19日，接着是一轮恐慌性下跌，低点115½点。此时的成交量是近几个月以来的最大成交量。注意1935年6月117点的阻力位，以及1931年11月的高点119½点附近的多个老顶和老底，使得这里可能是开始反弹的支撑位和买进位置，尤其是在一轮恐慌性下跌之后。随后出现一轮陡直上涨。

29日，高点141½点。这个位置有一系列老底，以及1936年4月30日的低点141½点，使得该高点可能是一个卖出等待回调的位置。接着是一轮陡直且快速的回调。

11月23日，低点112½点，比前一个低点115½点低了3个点，并且下跌到了1933年和1934年的各个老顶位置附近，因而是一个反弹点。

12月8日，高点131点，是一个卖出位置。

13日，低点121½点。这是一轮次级回调，而且在这个位置附近有两个底部，因而该低点是一个买进位置。

21日，高点131点，与12月8日的高点131点相同，是一个卖出位置。

29日，低点118点，一个略高的底部，这是市场获得支撑的信号。该低点是一个买进位置。

第8章　江恩内训版道琼斯工业价格平均指数的形态与买卖点解析（1903—1939年）

1938 年

1月15日，高点134½点。这是一个卖出位置。指数来到过去几周的顶部上方，但在这个位置筑顶两周，没有继续上涨。下一周跌回到前一周的低点下方，预示着一轮回调。

2月4日，低点117½点，与1937年12月29日的低点118点构成双重底。这里是可以利用近距离止损单的买进位置，因为该低点在1937年10月19日低点115½点上方2个点的位置。

23日，高点133点，比1月15日的高点134½点更低的顶部，说明这个位置附近的卖盘很大，毕竟这里有一系列老底和老顶。该高点是一个卖出位置。

3月12日，这一周跌回到127½点的下方，即过去两周的底部下方，小型趋势再次掉头向下。接着是一轮陡直的下跌。跌破了双重底的118点，表明市场极其疲软，还没有反弹出现。接着跌破低点112½点，并且在老顶附近108～110点的区间没有出现反弹和支撑，表明市场处在非常弱势的状态。卖压沉重，每个人都看跌，已经失去了希望。反弹很小，只有4～5个点。记住交易规则：在熊市的最后阶段，价格越低，反弹越小。

31日，低点97½点，恐慌性下跌的终点，也是本轮熊市的终点。指数为什么会停在这个位置并且获得支撑呢？回顾图表就会发现，1935年3月18日的低点95½点是一轮大型牛市的开始，1935年11月，96点附近有一系列顶部，这些使得95½～97½点的区间存在强有力的支撑，是恐慌性下跌结束时的买进点。但是，应当遵循交易规则，并且注意趋势即将掉头向上的确切标志。

回顾：从1937年3月8日的高点195½点，到1938年3月31日的低点97½点，最大反弹是从163点到190½点，有27个点。还有一轮幅度相当的反弹是从112½点到134½点，有23个点。上一轮较大的反弹是从117½点到133点，有15个点。最后一轮小幅反弹是从1938年3月12日的低点121½点，到3月16日的高点127½点，有6个点。因此，小型趋势变化的第一个标志，是一段超过6个点的上涨。而上涨15个点以上，则表明趋势再次向上。

8.18 第十一轮小型牛市

1938 年

4月2日,开始反弹,这是市场走高的第一个标志。

9日,指数突破了前一周的顶部108½点,这是市场走高的第二个信号。

18日,高点121½点,上涨了24个点,相比从112½点到134½点的反弹空间23个点,多了1个点。这是市场即将走高的第三个信号。但是要注意,121点附近有一系列底部,使得该高点是一个卖出等待回调的位置。回顾过去,还会发现119~120点有一系列底部和顶部,说明该高点是一个重要位置,并且标志着即将出现一轮次级回调。这类回调总是出现在最终的底部形成并随后发生第一轮陡直反弹之后。

5月27日,市场缓慢走低。低点106½点,比3月31日的低点97½点高9个点。市场在这个位置非常沉闷且狭窄,表明此处没有卖压。这轮三周回调从120点开始,低点是次级回调后的买进位置。还可以注意到,最近两周的高点在112~114点的区间。

6月11日,这一周突破了112½点,上涨至116点。下一周回调至112½点,其间的成交量非常小,该低点是可靠的买进位置。

25日,这一周突破了上一周的高点116点,并且径直突破了120~121点的各个老顶。大量的买盘使得市场快速上涨,像是脱缰的野马一样失控。突破133~134½点的各个老顶期间没有出现回调。周线底部逐渐抬升。

7月25日,高点146¼点,位于老底附近,注意1937年9月底有两周的底部146¼点。随后市场在146点附近形成了三周的顶部。此处是一个卖出位置。

28日,回调至139点。

8月6日,反弹至146½点,形成了第二个顶部,即双重顶,因而此处也是一个卖出位置。接着是一轮陡直且快速的下跌。

12日,低点135½点。

24日,高点145点,第三个更低的顶部。应当在此处卖出多头头寸并反

第8章　江恩内训版道琼斯工业价格平均指数的形态与买卖点解析（1903—1939年）

手卖空。因为下跌至135½点时，已经跌破了过去三周的底部。然后回调至136½点。接着反弹至143½点，第四个更低的顶部。这里是可靠且安全的卖出位置，卖出并等待市场继续走低。

9月14日，低点130¼点。下跌到各个老顶的位置附近，但已经跌破了过去几周的底部，这是市场即将走低的标志。

21日，高点140½点，第五个更低的顶部，是一个卖出位置。随后由于战况报道，出现了一轮陡直且快速的下跌，当时希特勒正在为占领捷克斯洛伐克作准备。有传言称，如果希特勒没有达到自己的目标的话，就将爆发战争。然而，希特勒事实上达到了自己的目标（即占领了捷克斯洛伐克）。

26日，低点127½点。

27日，反弹5个点，至132½点。

28日，低点127⅞点，比9月26日的低点127½点略高的底部，因而是一个买进位置。股市在此处表现出巨大的阻力，并且一切都表明市场正在筑底。同盟国向希特勒作出让步，因而战争得以避免。可以注意到，在128点位置附近存在一系列老顶和老底，以及一个自然阻力位。后面将列举出更多的理由来说明为什么127⅞点这个低点是一个可靠的买进点。接下来应当注意的是出现趋势即将掉头向上的第一个标志。由于上一轮反弹有5个点，而本次下跌中的最大反弹有10个点，因此，当指数上涨了6个点时，就指示可能会创出新高。当指数上涨了10个点时，就指示了进一步的上涨。而这两点，市场很快就做到了。应当在指数上涨了5个点、10个点之后买进，并且会赚到很多钱。随后继续上涨，指数径直突破了老顶146点，表明此时是强劲的上升趋势。应当在指数突破了146点之后，加仓买进更多，同样也会获得大笔赢利。这其间的回调很小，并且没有跌破周线低点。

11月10日，高点158¾点，这是一个卖出位置。注意1937年9月初反弹之前的低点157½点，这是市场将会在这个位置附近遭遇卖盘的信号。但是，必须根据交易规则，判断趋势何时变化。

回顾：从1938年3月31日的低点97½点，上涨到1938年11月10日的高点158¾点，有一轮回调有15个点，最大回调有19个点。最小回调是从

10月14日的153½点到18日的148½点,有5个点。最后的回调是从155½点到150½点,有5个点。因此,当市场回跌了5个点或更多时,就将预示着可能跌出新低。而跌破150½点则将是市场走低的确切信号。回跌到148½点的下方,就会处于一系列周线低点的下方,使得主要趋势掉头向下。

8.19　第十一轮小型熊市

1938年　下跌很快便出现

11月28日,指数下跌至145点。这是开始反弹的自然支撑位和买进位,因为下跌时在老顶145~146点附近遭遇阻力。但市场没有出现次级反弹,这类反弹通常会在一轮陡直崩跌之后出现。然而,可以在145点附近买进,等待反弹。

1939年

1月4日,高点155½点,一个更低的顶部。随后市场在此维持了几天。实际上,在1938年11月的高点158¾点下方3个点的位置,形成了两周时间的顶部,表明市场在这轮次级反弹中遭遇了沉重的卖压。这里是应当卖出多头头寸并反手卖空的位置。

14日,这一周,跌回到过去三周的底部下方,并且继续下跌。这是小型趋势掉头向下的第一个信号,市场还可能跌出新低。

26日,低点136⅛点。注意,1938年8月份有三个周线低点在这个位置附近,1937年10月至11月份期间,有多个老底和老顶在这个位置附近,使得该低点是一个可能发生反弹的位置。接着是一轮快速反弹,市场走高。

3月10日,高点152½点,第三个更低的顶部,并且位于前几轮运动的突破点,因而该高点是一个卖出位置。这一周的低点是148½点。下一周跌到了148½点的下方,小型趋势再次掉头向下。应当卖出多头头寸并反手卖空。随后市场快速向下运动,跌破了所有的支撑位。

31日,这一周跌破了低点136点,继续下跌,表明市场处于非常弱势的状态。从1938年9月的低点128点出现以来,没有出现任何重要的支撑或反弹，表明市场疲软，主要趋势仍然向下。

4月11日，低点120⅛点。在老顶和老底的位置附近有自然的支撑，这里是一个买进位置。注意在1938年5月14日那一周曾触及了120点，这里是最后一轮下跌之前最后的反弹位置，使得该低点是一个合理而自然的支撑位。

回顾：从1938年11月10日的高点158点，到1939年4月11日的低点120⅛点，最大反弹有16个点，最小反弹有10½个点。因此，当从120⅛点上涨了11个点时，将是小型趋势正在掉头向上的标志。而上涨了16个点以上，则将使主要趋势再次掉头向上。

从1939年3月10日的高点152½点到低点120⅛点，最大反弹有5个点。因此，一段超过5个点的上涨，将是筑底完成的信号，至少是小型趋势即将掉头向上的第一个标志。

8.20 第十二轮小型牛市

1939年

4月13日，一轮快速反弹，至129¼点，上涨了9个点。1938年9月的老底为127½点，这是一个卖出位置。从这个位置附近开始一轮次级回调再自然不过了。

14日，低点124½点，一个更高的底部，因而是一个买进位置。随后是一轮反弹。

15日，高点130½点，比前一个高点129¼点高1¼个点，因而是一个卖出位置。

19日，次级回调至124¾点，形成一个略高的底部，因而该低点是一个买进位置。

22日，高点130点，与4月15日的高点130½点接近，因而是一个卖出位置。

26日，低点126½点，第三个更高的底部，因而是一个买进位置。

28日，高点131½点，这是一个卖出位置。

5月1日，低点127½点，第四个更高的底部，因而是一个买进位置。

10日，高点134½点，低于各个老底，因而是一个卖出位置。接着是一轮回调。

17日，低点128½点，第五个更高的底部，在128点附近有老顶和老底，这里是支撑位，因而是一个买进位置。该低点之后，市场开始上涨，并突破了各个周线高点，然后继续上涨。

6月9日，到达高点140¾点，再次上涨到了遭遇阻力的位置，附近有多个老底和老顶，因而是一个卖出位置。从4月的低点120点上涨了20个点以上，这是市场将在一轮次级回调后继续走高的标志。

16日，低点134点，回到了老顶，因而是一个买进位置。

21日，高点138½点，一个更低的顶部，说明此处存在大量卖盘。该高点是一个卖出位置。随后开始下跌，跌破了134点的支撑位。

30日，低点128⅞点，停留在1939年4月与5月形成的一系列支撑位的上方。这是一个次级回调后的买进点。随后缓慢上涨，指数突破了过去几周的高点。

7月13日，突破了6月21日的高点138点，这是市场走高的信号。

17日，突破6月9日的高点140¾点。

25日，高点145¾点，处于1938年7月和8月的老顶位置附近，同时在1939年3月21日的反弹高点上方。这个位置至少会出现一轮回调，因而该高点是一个卖出位置。

8月1日，低点142½点。

3日，高点145¾点，与7月25日的高点相同，构成了双重顶，因而该高点是一个卖出位置。

◉ 精华笔记

小型牛市或小型熊市行情，下跌与上涨的空间与时间都不会很大。

如图8-4所示为道琼斯工业价格平均指数1936—1939年的周线图，包含了第十轮牛市的顶部、第十轮熊市、第十一轮小型牛市、第十一轮

第8章 江恩内训版道琼斯工业价格平均指数的形态与买卖点解析（1903—1939年）

小型熊市，以及第十二轮小型牛市。

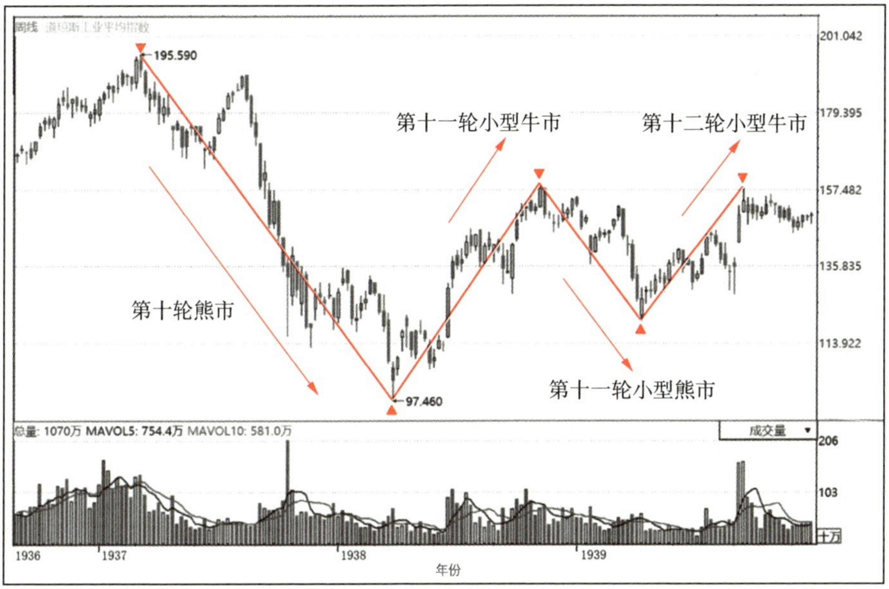

图8-4 道琼斯工业价格平均指数（1936—1939年，周线）

第十轮熊市是从1937年3月8日的高点195½点，到1938年3月31日的低点97½点。大约一年的时间，下跌空间接近100点。

第十一轮小型牛市是从1938年3月31日的低点97½点，上涨到1938年11月10日的高点158¾点。大约7个月的时间，上涨空间约为61点。

第十一轮小型熊市是从1938年11月10日的高点158点，到1939年4月11日的低点120⅛点。大约5个月的时间，下跌空间约为30点。

第十二轮小型牛市是从1939年4月11日的低点120⅛点，到1939年9月13日的高点157¾点。大约5个月的时间，上涨空间约为30点。

第 9 章
华尔街历史中的时间密码

09

◎ **导读笔记**

本章总结了道琼斯工业价格平均指数 40 年来每一轮牛市与熊市中，与趋势方向相同的运动次数以及对应的回调周数。本章对于第九轮熊市的分析与第八章略有不同。通过查阅市场的运动周数统计表，可以帮助投资者预判大致的进场时间，并提前做准备。

下面的表格（表 9-1 和表 9-2）总结了从 1896 年至 1938 年间道琼斯工业价格平均指数牛市中的回调和熊市中的反弹，即与主要趋势相反的运动。表格列举了每轮行情中运动的数量以及与趋势相反的回调周数或反弹周数。查阅表 9-1 和表 9-2 可以发现，在超过 42 年的时间里，与趋势相反的运动中，持续时间达 11～14 周的情况只出现了 6 次，平均持续周数在 2～5 周不等，有些运动持续 6～8 周不等。对于交易者来说，这将是未来行情指南，借助于此能够在市场再次恢复主要趋势之前，计算一轮与主要趋势方向相反的运动大概会运行多少周。

表 9-1　道琼斯工业价格平均指数的运动周数统计表（1896—1933 年）

年份	运动数	周数
1896 年 8 月 8 日，第一轮牛市		
1896 年	1	2
	2	5
1897 年	3	13
	4	7
1898 年	5	11
	6	8
1899 年	7	1
	8	5
第一轮牛市结束		
第一轮熊市		
1900 年	1	1

第9章 华尔街历史中的时间密码

续表

年份	运动数	周数
	2	3
	3	4
	4	2
第一轮熊市结束		
第二轮牛市		
1900年	1	1
	2	6
	3	2
1901年	4	3
	5	1
第二轮牛市结束		
第二轮熊市		
1901年	1	1
	2	3
	3	1
	4	5
1902年	5	8
	6	3
	7	2
	8	4
	9	4
	10	1
	11	1
1903年	12	3
	13	4
	14	1
	15	1
	16	1

续表

年份	运动数	周数
1903年11月9日,第二轮熊市结束		
第三轮牛市		
1904年	1	1
	2	6
	3	6
	4	1
	5	1
1905年	6	6
第三轮牛市结束		
第三轮熊市		
1906年	1	2
	2	5
	3	9
	4	4
1907年	5	2
	6	2
	7	2
	8	2
	9	2
第三轮熊市结束		
第四轮牛市		
1907年	1	2
1908年	2	4
	3	2
	4	5
	5	6
	6	6
	7	2
1909年	8	2
	9	3

第9章 华尔街历史中的时间密码

续表

年份	运动数	周数
	10	4
	11	3

第四轮牛市结束

第四轮熊市		
1910年	1	3
	2	3
	3	2
	4	2
	5	2

7月26日，第四轮熊市结束

第五轮牛市		
1910年	1	4
	2	7
	3	4
1911年	4	3
	5	14
	6	2
	7	2
1912年	8	2
	9	2
	10	2
	11	2
	12	2

第五轮牛市结束

第五轮熊市		
1912年	1	2
	2	3
	3	2
1913年	4	1
	5	2

续表

年份	运动数	周数
	6	13
1914年	7	6
	8	2
	9	4
	10	2
第五轮熊市结束		
第六轮牛市		
1915年	1	4
	2	2
	3	12
	4	1
	5	1
	6	3
1916年	7	5
	8	3
	9	6
	10	4
	11	1
第六轮牛市结束		
第六轮熊市		
1916年	1	2
1917年	2	7
	3	4
	4	3
	5	2
第六轮熊市结束		
第七轮牛市		
1918年	1	7
	2	2
	3	2

第9章 华尔街历史中的时间密码

续表

年份	运动数	周数
	4	2
	5	1
	6	2
	7	3
	8	2
1919年	9	5
	10	2
	11	5
	12	1
第七轮牛市结束		
第七轮熊市		
1919年	1	2
1920年	2	6
	3	2
	4	2
	5	5
	6	3
	7	2
1921年	8	4
	9	2
	10	2
	11	4
	12	6
第七轮熊市结束		
第八轮牛市		
1921年	1	2
	2	2
1922年	3	3
	4	2
	5	2

续表

年份	运动数	周数
	6	2
	7	7
1923年	8	2
第八轮牛市结束		
第八轮熊市		
1923年	1	1
	2	2
	3	2
	4	5
	5	1
第八轮熊市结束		
第九轮牛市		
1924年	1	1
	2	2
	3	6
	4	2
	5	2
	6	3
1924年10月18日		
1925年	7	4
	8	4
	9	1
	10	1
	11	2
	12	3
	13	2
	14	7
	15	3
	16	1
	17	6
	18	6

第9章 华尔街历史中的时间密码

续表

年份	运动数	周数
1927年	19	1
	20	1
	21	4
	22	1
	23	3
	24	2
1928年	25	4
	26	2
	27	3
	28	2
	29	2
	30	2
	31	1
1929年	32	2
	33	4
	34	3
	35	2
1929年（第九轮）牛市结束		
第九轮熊市		
1929年	1	1
	2	2
第九轮熊市结束		
第十轮小型牛市或者说熊市中的反弹		
1929年	1	2
1930年	2	2
熊市中的反弹结束		
第十轮熊市		
1930年	1	2周反弹
	2	3
	3	4周反弹，从低点反弹了11周
	4	1

211

续表

年份	运动数	周数
	5	2
	6	3
1931年	7	5周反弹，从低点反弹了10周
	8	1
	9	1
	10	3
	11	1
	12	1
	13	5
	14	2
	15	1
	16	2
	17	1
1932年7月8日，熊市结束		

第十一轮牛市

1932年7月8日至1932年9月，第一轮陡直的上涨持续了9周，没有出现回调。

随后是25周的下跌，这次25周的下跌是牛市中的一次回调或横向吸筹，最大的反弹持续了6周，最后的7周下跌在1933年2月27日形成了底部。

牛市重新开始

1933年　　　　1次运动　　　　2周

　　　　　　　2次运动　　　　1周

　　　　　　　3次运动　　　　1周

7月17～21日，下跌了26个点。

1933年7月21日至1935年3月30日，运动如下。

首先是1周的反弹。

随后是1周的回调。

接下来上涨7周，到了1933年9月，一共形成了9周的反弹。

然后下跌 4 周，到了 1933 年 10 月 21 日的 82½ 点。这是回调的极限低点，此时与 1933 年 7 月 21 日距离 13 周。此后的反弹持续 14 周，到了 1934 年 2 月 5 日的高点 111½ 点。

随后下跌到了 1934 年 7 月 26 日的最后低点 84½ 点。此时与 1934 年 2 月 5 日距离 24 周。没有出现持续 4 周以上的反弹，并且从这个低点开始，牛市重新开始。

1934 年 2 月 5 日至 1934 年 7 月 26 日，下跌了 27 个点。这是一轮小型熊市，即牛市中的一轮回调。

直到 1935 年 3 月 30 日，这是一轮持续了 91 周的交易市场，即横向吸筹。在这期间，该平均指数没有上涨到 1933 年 7 月 17 日的高点上方 2 个点，也没有下跌到 1933 年 7 月 21 日的低点下方 2 个点以上，维持在一个 27 个点的区间内。这么长时间的吸筹预示着当该平均指数穿越 1935 年 3 月的各个老顶 112 点时，它将大幅走高。最终的顶部形成于 1937 年 3 月 10 日，当时该平均指数位于 195½ 点。

表9-2　道琼斯工业价格平均指数的运动周数统计表（1934—1938年）

年份	运动数	周数
继续第十一轮牛市		
1934年	1	4
	2	2
	3	2
1935年	4	3
	5	4
1935年3月18日，最后的低点		
	6	1
	7	2
	8	2
	9	4
1936年	10	1
	11	1

续表

年份	运动数	周数
	12	1
	13	3
	14	1
	15	1
	16	2
	17	1
	18	1
	19	5
1937年	20	1
	21	2
1937年3月10日,第十一轮牛市结束		
第十一轮熊市		
1937年	1	2
	2	1
	3	2
	4	8周反弹,至1937年8月14日
	5	1
	6	2
1938年	7	2
	8	2
1938年3月31日,第十一轮熊市结束		
第十二轮牛市		
1938年	1	2
	2	2
	3	1(8月的回调)
	4	4周回调,或从顶部回调了8周
1938年11月10日,第十二轮牛市结束		
第十二轮小型熊市		
1938年	1	4
	2	6

第10章
华尔街历史的成交量密码

10

◉ 导读笔记

本章给出了利用成交量研判行情的四大规则，并复盘了道琼斯工业价格平均指数20世纪30年代的成交量走势。在图表中，每个时间周期的成交量只有一个数值，通常使用柱线的形式呈现，也可以用折线的形式来体现成交量的变化趋势。

· · · · · · · ·

在分析了形态、阻力位和时间这三个重要的因素之后，第四个因素也非常重要，即顶部或是底部的成交量。

成交量是市场真正的驱动力，能够表明供应或是需求的增减。大的买单或是卖单，无论来自专业交易者还是公众，抑或是其他的供应渠道或需求渠道，必然会在报价单上留下记录，并且以成交量的形式体现出来。

因此，仔细研究成交量，有助于能够非常准确地判断趋势的变化，尤其是在运用了其他交易规则的情况下——如根据形态、阻力位和时间来判断强弱状态，那就更是如此。

10.1 通过成交量研判行情到顶的规则

规则1：在任何一轮长期的牛市行情或个股快速上涨的尾声，成交量通常都会大幅增加，标志着此轮行情至少暂时已经结束。接下来，伴随巨大成交量，在一轮陡直下跌之后，次级反弹出现，成交量增加时，就是市场形成最终顶部的标志，主要趋势即将掉头向下。

规则2：如果个股在形成第二个更低的顶部后，止跌企稳，并且市场有一段时间变得沉闷且狭窄，期间作横向运动，随后若放量跌破窄幅区间的最低点，这是进一步下跌的信号。

规则3：在持续了几周、几个月，或是几年时间的长期下跌之后，当个股即将到达底部时，成交量应减少，波动区间也应收窄。这是套现即将结束的可靠信号之一，个股正为趋势变化做准备。

规则 4：在趋势正从熊市转变为牛市的背景下，第一次陡直上涨之后，个股将有一轮次级回调，并构筑底部，正如第一次陡直下跌后会有次级反弹一样。如果在回调的过程中，成交量降低，并且随后个股向上运动，而上涨时伴随着更大的成交量，这是价格将会上涨到更高位置的标志。

这些规则适用于普遍的市场，换句话说，在纽约股票交易所的总成交量——日线、周线、月线都适用，也适用于个股。

总结：在市场接近顶部时，成交量增加，在接近底部时，成交量降低。但是非正常的市场环境除外。比如1929年10月和11月，当时市场正在非常快速地向下运动，伴随着巨大的成交量而结束，形成了一个尖底，接着是一轮急促的反弹。一般来说，在第一次陡直反弹后，会出现一轮成交量降低的次级下跌，正如规则4阐述的那样。

10.2 道琼斯工业价格平均指数的每月成交量记录分析（1930—1939年）

为了理解成交量的重要性，研究道琼斯工业价格平均指数的交易量是有必要的。

1930 年

6月，成交量为8000万股，同时市场走低。

7月和8月，小幅反弹，这两个月的总成交量仅为8000万股。

9月，市场在本月初略微走高，随后开始下跌，价格下跌至新的低点，记录的成交量为5000万股。

10月，市场崩跌至新的低点，跌破了1929年11月的各个低点，成交量增加至7000万股。

12月，指数下跌了46个点，位于1929年11月的低点下方。本月的总成交量为6000万股。

1931 年

1月，反弹开始，本月成交量为4200万股。

2月，形成了反弹的顶部，成交量为6400万股，表明成交量在这轮反弹中增加了，市场正在遭遇阻力。注意，本月的高点恰好低于1929年11月的各个低点，表明当上涨到1929年11月的恐慌性低点下方时，市场遭遇了卖压。

3月，本月开始下跌，成交量为6400万股——一个更大的成交量，同时价格走低。

4月，成交量为5400万股。

5月，成交量为4700万股。

6月，伴随着5900万股的成交量，本月出现了一轮陡直下跌，令指数下跌到了新的低点，至120点，即1919年的老顶和1925年5月的最后低点。接着是一轮快速反弹，持续到了6月底7月初，指数到达了156⅞点。

7月，成交量减少，仅为3300万股，而且市场收窄。

8月，成交量为2400万股。此时市场仍然沉闷且狭窄，没有太多上涨。

9月，市场开始活跃，成交量达到了5100万股。随着成交量的增加，本月指数下跌了45个点，表明市场非常疲软，预示着进一步的下跌。

10月，出现一轮陡直下跌，指数下跌至85½点。成交量为4800万股。

11月，接着出现一轮反弹，在11月9日结束。指数到达119½点，回到了1919年的老顶、1925年的最后低点以及之前某轮反弹的底部位置附近。由于未能突破这些老底和老顶，表明市场依旧疲软，趋势仍然向下。11月的成交量为3700万股，这轮反弹的成交量减少了。

12月，指数下跌至72点，一个新的低点。成交量为5000万股，这是1931年9月以来的最大成交量。这表明大量套现仍在进行。

1932年

1月，指数到达低点70½点，本月成交量为4400万股。

2月，反弹至89¾点，成交量为3100万股。

3月，指数形成了大致相同的高点89½点，成交量为3300万股。随后市场在反弹中变得死气沉沉，同时收窄。

4月，指数跌破了1月份的低点70点，并且下跌至55点。成交量为3000

万股。

5月，指数跌破了1907年的恐慌低点以及1914年的低点53点，预示着更低的价格。随后下跌到了45点。本月成交量为2300万股。

6月，极限高点和极限低点之间的区间平均为10个点，并且该平均指数到达了一个新的低点，成交量为2300万股。

7月，本月指数大约在13个点的区间内运动。7月8日到达了极限低点40½点。此时成交量非常小，指数与个股都在非常窄幅的交易区间内运动，表明是熊市的最后阶段。月末，突破了6月份的高点，表明趋势正在掉头向上。本月成交量为2300万股。

7月的低点40½点与1929年的高点386⅛点相比，下跌约345个点。1932年5月、6月和7月这3个月的成交量一共只有6900万股，这是自1923年以来的最小成交量，与1929年9月顶部的成交量超过1亿股以及10月份的成交量1.41亿股形成鲜明的对比。这表明了在自1929年9月份的暴跌后，套现已经结束，趋势正在改变。实际上，市场已经处于超卖状态，停滞不前。交易者和投资者卖出了所有股票，因为都害怕情况可能会变得更糟。市场上演的还是老一套，一轮牛市在黑暗中开始，在繁荣中结束。所有的标志都很明显，成交量很小，波动区间很窄，表明终点已经到达，趋势定会改变。

1932年7月下旬，开始上涨。

8月，本月出现了一轮陡直反弹，成交量为8300万股，大于过去3个月的总成交量。此时应当回补空头头寸，明智地进行投资性买进。

9月，到达反弹的顶部，成交量为6700万股。指数从7月8日的低点上涨了40个点。伴随着巨大的成交量，上涨持续到了9月。之后开始派发，趋势掉头向下。注意，7月8日到9月份的总成交量有1.68亿股。指数在第三个月未能继续走高。从1930年4月到1932年7月，指数以及绝大部分个股的反弹时间都没有达到两个月以上。如果要出现趋势的改变，形成一轮长期的牛市，指数就必须上涨3个月整或更长的时间。

10月，伴随着更小的成交量继续9月的下跌，市场缓慢走低。本月的成交量为 2900 万股。

11 月，成交量为 2300 万股。

12 月，成交量为 2300 万股。

1933 年

1 月，成交量为 1900 万股。

2 月，整个国家都处于一种恐慌状态。到处都是银行倒闭的消息。人们惊慌失措，不计价格地卖出股票、债券。企业破产。罗斯福总统 3 月 1 日就职时，立即采取行动，关闭了美国所有银行。这标志着次级下跌的结束，随后开始重建性的运动。

指数在本月下跌至 49½ 点，比 1932 年 7 月的低点 40½ 点高 9 个点。成交量仅为 1900 万股，是 10 多年来的最小成交量，也是 1929 年 9 月的顶部以来最小的单月成交量。这是指数到达底部的可靠信号。

3 月，反弹开始，成交量增加。本月成交量为 2000 万股。

4 月，美国放弃了金本位制，使得股票和商品期货开始快速上涨。本月的成交量是 5300 万股。

5 月，上涨继续，成交量达到了 1.04 亿股。

6 月，成交量增加至 1.25 亿股。

7 月，成交量为 1.2 亿股。

从 1933 年 3 月的低点 49½ 点，到 7 月份的高点 110½ 点，总成交量约 4.22 亿股，在 4 个半月时间里上涨了 60 个点。4.22 亿股的巨大成交量，极少有人保存记录并详细研究以理解这意味着什么。这是纽约股票交易所历史上所有牛市行情中的最大成交量。这段成交量比 1919 年上涨中的成交量还要大。从 1929 年 5 月的低点 290 点，到 1929 年 9 月的高点 386⅛ 点，上涨了 96 个点，总成交量约 3.5 亿股，这是史上最疯狂的买进潮之一。商品期货飞速上涨。人们不计价格地买进。再算一下，1933 年 5 月、6 月和 7 月，这 3 个月的成交量约 3.5 亿股，等于 1929 年 5 月到 1929 年 9 月的成交量。很明显，成交量正在暗示一波通货膨胀。商品期货和股票上涨得如此迅速，每个人都在微薄的利润下买进，导致自 7 月 18 日至 7 月 21 日的 4 天时间内出现一轮毫无抵抗的崩跌，令指数下跌 26¼ 个点，至 84¼ 点。同时棉花和小麦也因大量套现而严重崩跌，E. A. 克劳福德博士破产。他陷身于商品期货，据说是当时人们所知道的最大持仓数量。

8 月和 9 月，在 7 月份的陡直下跌之后，8 月和 9 月份出现了一轮反弹，指数反弹至 107 点，比 7 月的高点 110½ 点少 3 个点。两个月线的高点构成了双重顶。这轮次级反弹的成交量明显缩小。8 月份的成交量为 4200 万股，9 月份的成交量为 4300 万股。这两个月的成交量之和仅为 1933 年 7 月成交量的 ⅔。

10 月，指数下跌至 82½ 点。这是长期上涨开始前，最后的低点，也是次级底部。成交量下降到了 3900 万股，市场变得非常沉闷且狭窄。随后从 10 月份的低点，开始一轮缓慢的反弹。

11 月，成交量为 3300 万股。

12 月，成交量为 3500 万股。

1934 年

1 月，本月成交量为 5400 万股。

2 月，成交量为 5700 万股。本月的高点 111½ 点仅略高于 1 月份的高点。位于 1933 年 7 月份的高点 110½ 点，上方 1 个点以上，构成了双重顶。第三次来到在同一位置附近，近两个月的成交量约 1.11 亿股，这是形成顶部的信号。个股通过 2 月份巨大的成交量，以及涨幅缓慢，表明正在为下跌做准备。2 月下旬，趋势掉头向下。

3 月，成交量降至 3000 万股。

4 月，出现了一轮轻微的反弹，成交量为 2900 万股。

5 月，价格走低，成交量为 2500 万股。

6 月，出现了一轮小幅反弹，本月成交量下降至 1600 万股。

7 月，本月的总成交量仅为 2100 万股，为一轮新的牛市行情奠定了基础。1934 年 7 月 26 日，股市形成了底部，当天成交量接近 300 万股，同时下跌至 84½ 点，略高于 1933 年 10 月的低点 82½ 点。根据交易规则，应当在与任意重要顶部或底部相距 1 年、2 年或 3 年的位置注意趋势的变化。1933

年7月曾出现高点这一事实，是应当在1934年7月注意趋势变化的标志。

8月，市场平均反弹了11个点，成交量为1600万股。

9月，回调至85¾点，与7月份的低点84½点相差约1个点。成交量下降至1200万股，由于这是多年以来最小的单月成交量，因而是市场已经形成底部的可靠信号。

10月，市场反弹，成交量略微增加至1500万股。

11月，成交量增加至2100万股。

12月，市场走高，本月成交量为2300万股。

1935年

1月，市场活跃度增加，成交量为1900万股。

2月，到达反弹的顶部108½点。成交量仅为1400万股。由于没有足够的买盘力量，市场无法继续走高。

3月，市场上涨创出新高之前最后一轮下跌。成交量为1600万股。

4月，活跃度增加，开始上涨。成交量为2200万股，表明牛市正在进行。

5月，指数突破了1933年的各个高点以及1934年2月的顶部。成交量为3000万股。个股表现出成交量增加，不少个股在上涨时还创出新高。

6月，指数突破了120点，位于1931年11月9日的高点119½点上方，这是价格走高的可靠标志。本月成交量为2200万股。

7月，个股和指数都创出新高。本月成交量为2900万股。

8月，更多个股创出新高，而指数也来到新的高点。成交量达4300万股，是1934年1月和2月之后最大的单月成交量。

9月，继续上涨，成交量为3500万股。

10月，上涨至142点。本月总成交量为4600万股。在10月26日结束的那一周，纽约股票交易所的成交量为1400万股，这是1934年9月以来最大的单周成交量。应当开始注意那些已经大幅上涨的股票可能出现顶部。

11月，在11月2日结束的那一周，成交量为1100万股。在11月9日结束的那一周（这周只有 5 个交易日），成交量为 1200 万股。11 月 8 日的成交量为 335 万股，这是自 1934 年 7 月 26 日以来最大的单日成交量。

1934 年 7 月至 1935 年 11 月

从 1934 年 7 月 26 日的低点 84½ 点，到 1935 年 11 月 8 日的高点 145½ 点，其间的总成交量约 3.83 亿股，上涨了 61 个点。另外，从 1933 年 3 月的低点 49½ 点，到 1933 年 7 月的高点 110½ 点，上涨了 60 个点。由于指数在 1935 年 11 月上涨的 61 个点与 1933 年 7 月的上涨点数差不多，因此此时应当注意趋势可能会暂时改变。

12 月，成交量为 5746.2 万股。出现了一轮 10 个点的回调，属于牛市中的正常回调。

最终顶部之前的最大成交量

仔细回顾记录，就会发现最大的成交量经常出现在到达最终顶部之前。当实际的高点形成时，成交量会小于过去几个月的单月成交量，或是小于过去几周的单周成交量，或者是小于过去几天的单日成交量。其中原因是当市场变得非常活跃时，公众经常会严重过度交易，满仓买进。随着市场靠近顶部，人们的需求已经得到了满足，就买得少了。

1936 年

1 月，成交量 6750 万股。这是 1934 年 7 月到达低点以来最大的单月成交量。

2 月，成交量 6088.4 万股。

3 月，成交量 5100 万股。

4 月，本月成交量为 3961 万股。4 月 6 日到达反弹的高点 163 点。接着是一轮陡直下跌。低点 141½ 点出现于 4 月 30 日，指数下跌了 21 个点。本轮回调的成交量小于过去几个月的单月成交量。可以发现，最大的成交量出现在 4 月份回调之前的 1 月，因为人们已经在 1 月的上涨中满仓。

1937 年

1 月，成交量为 5867.1 万股。这是 1936 年 1 月以来最大的单月成交量，应当注意在不久的将来趋势可能发生变化。

2月，成交量为5024.8万股。

3月，本月成交量为5034.6万股。指数在3月8日到达高点195½点，并且在月末之前回跌了15个点。再一次证明人们在1月份已经满仓，因为本月成交量与2月份接近，当3月份到达顶部时，公众无法再大量买进。

1934年7月至1937年3月

从1934年7月26日到1936年10月31日，其间的总成交量约8.66988亿股，指数上涨了94个点，平均每个点约922.33万股。从1936年10月31日至1937年3月8日，其间的总成交量约2.58392亿股，市场上涨了17个点，平均每个点约1519.96万股。这说明在此期间，市场每上涨1个点的交易量，大约是1936年10月31日期间市场每上涨1个点的成交量的1.65倍。由于成交量的增加，对应的赢利点数变小，这是市场正在接近顶部的一个标志。从1934年7月26日到1937年3月8日的整个牛市行情，总成交量为11.2538亿股，大约相当于在纽约股票交易所上市的股票总数的⅓。

1937年

继1937年3月的高点195½点之后，成交量在下跌中减少。

5月，成交量为1856.2万股。

6月，成交量为1654.7万股。6月17日到达低点163点，下跌约32个点。成交量的减少，表明次级反弹的时候到了。

7月，成交量为2072.1万股。

8月，次级反弹的高点190½点，上涨约27½个点。成交量为1721.2万股。相比1937年3月高点195½点、成交量5034.6万股，本月高点下降了5个点，而成交量约为前者的三分之一。说明市场需求减少了，这是卖空的信号。

9月，接着出现了陡直下跌。成交量为3385.4万股，大约是8月份成交量的两倍。

10月，出现了恐慌性下跌。成交量为5125万股。

11月，进一步下跌至更低的位置112½点，但成交量减少至2125万股。

1938 年

1 月，一轮反弹持续到了 1 月份，随后继续下跌。本月成交量为 2415.1 万股。这轮反弹成交清淡，表明没有足够的买盘来驱使趋势掉头向上。

2 月，成交量为 1452.2 万股。

3 月，成交量为 2399.5 万股。考虑到指数下跌了 25 个点以上，这是一个很小的成交量。3 月 21 日到达低点 97½ 点。

1937 年 3 月至 1938 年 3 月

从 1937 年 3 月到 1938 年 3 月 31 日，下跌了 98 个点，期间的总成交量约 3.46192 亿股，平均每个点约 353.25 万股。相比前一轮牛市行情中的交易量，这轮下跌中的交易量要小得多，说明市场由于证券交易所的新法规而交易清淡。

1938 年

4 月，成交量为 1711.9 万股。指数出现一轮反弹，有 20 多个点。

5 月，成交量为 1400 万股，这是次级回调中非常小的成交量。指数下跌到 106½ 点附近时，市场变得非常沉闷且狭窄。这轮次级回调中的信号与 1937 年 8 月次级反弹中的信号属于同一种类型。但这里是为后续上涨筑底的信号，而 1937 年 8 月是市场正在筑顶并为大幅下跌做准备的信号。

6 月，成交量增加至 2466.8 万股。

7 月，成交量进一步大幅增加，达到 3888 万股。

8 月，成交量为 2078.8 万股。市场在 7 月份和 8 月份形成了顶部，随后回调。

9 月，成交量为 2387.6 万股。回调的低点为 130¼ 点。本月回调时，成交量增加了，这一事实表明此时存在大量买盘。

10 月，本月出现了大量买盘，成交量大幅增加至 4155.8 万股。

11 月，成交量为 2792.2 万股。11 月 10 日最终的高点为 158¾ 点。尽管 10 月份的成交量如此巨大，然而市场的赢利非常小。11 月最初 10 天的总成交量为 1180 万股，表明市场当时遭遇沉重的卖压，正在派发。

1938 年 3—11 月

从 1938 年 3 月 31 日到 11 月 10 日，上涨了 61¼ 个点，总成交量为 1.92685 亿股，平均每个点约 314.59 万股，略少于 1937 年到 1938 年初的下跌中每个点所对应的交易量 353.25 万股。

12 月，成交量为 2749.2 万股，仅略低于 1938 年 11 月的成交量 2792.2 万股。

1939 年

1 月，成交量为 2518.2 万股，略多于 1938 年 1 月的成交量 2415.1 万股。

2 月，市场收窄，成交量非常小，仅为 1387.3 万股。

3 月，成交量为 2456 万股。3 月 10 日之后出现了一轮陡直下跌。

4 月，成交量为 2024.6 万股。4 月 11 日低点为 120⅛ 点。

1938 年 11 月至 1939 年 4 月

从 1938 年 11 月 10 日到 1939 年 4 月 11 日，下跌了 38⅝ 个点，总成交量为 1.15232 亿股，平均每个点约 300.28 万股，略低于 1938 年 3 月 31 日到 1938 年 11 月 10 日上涨期间的 314.59 万股，但上涨的点数为 61¼ 个点，比本轮下跌的点数 38⅝ 个点更多。

1939 年

5 月，本月紧接着一轮反弹，但成交量很小，仅为 1293.5 万股。

6 月，本月成交量为 1196.3 万股。6 月 9 日到达反弹的高点 140¾ 点，随后一轮下跌有 20 个点，市场在 6 月 30 日到达低点 128⅞ 点。这轮次级回调成交量很小，是应当买进股票的标志。

7 月，接着出现了一轮反弹，成交量增加。本月成交量为 1806.7 万股。

1939 年 4—7 月

从 1939 年 4 月 11 日到 1939 年 7 月 31 日，上涨了 25¾ 个点，总成交量为 5521.1 万股，平均每个点约 241.41 万股，与 1938 年 11 月 10 日到 1939 年 4 月 11 日期间每个点下跌约 300.28 万股相比更少，表明这期间市场交易相对清淡。

如果在研究纽约股票交易所上市股票的成交量的基础上，注意道琼斯工业价格平均指数在各种形态中和阻力位上的强弱形态,则能够更加准确地确定顶点。

◉ 精华笔记

1. 结合指数的位置,分析月线成交量的变化。

图9-1所示为道琼斯工业价格平均指数1930—1939年的月线图,上方的主图是指数的月线走势,下方是成交量的月线柱线。

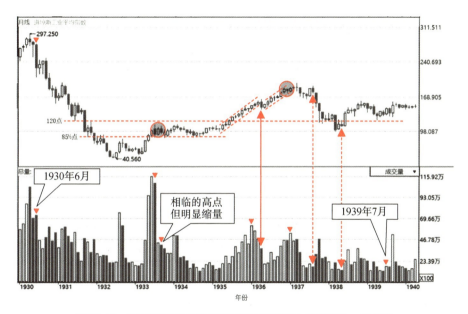

图10-1　道琼斯工业价格平均指数(1930—1939年,月线)

(1)分析的起点是1930年6月。之前在4月17日出现了反弹的高点297¼点,这一轮下跌的成交量很大,随后的7月和8月止跌反弹,成交量明显缩小。

(2)观察次级反弹后的调整时期,成交量明显缩小。1933年7月17日出现了次级反弹的高点110½点,而9月18日出现了更低的高点107½点。尽管两个高点的位置接近,但第二个高点的缩量痕迹明显。

(3)月线级别的上涨通道,上涨的尾声即使价格创新高,但成交量明显降低。1936年1月10日的高点为148½点,比1935年11月20日的高点 149½ 点略低。但是 1936 年 1 月的成交量是近几个月以来的单月最大成交量。2 月的高点比 1 月更高，3 月的高点比 2 月更高，但月线成交量在降低。1936 年 4 月缩量下跌，从 4 月 6 日的高点 163 点到 4 月 30 日的低点 141½ 点，下跌空间约 21½ 点，但月线成交量比前一个月的成交量低。5 月又恢复上涨通道。

（4）第二段上涨通道出现双重顶。1937 年 1 月 22 日的高点 187 点与 1936 年 11 月 18 日的高点 187 点构成双重顶。而 1937 年 1 月的成交量是第二段上涨通道的单月最大成交量。这是趋势可能改变的信号，即使在 1937 年 3 月 8 日创出了新高 195½ 点。

（5）次级顶部的成交量，比起前高明显降低。1937 年 8 月 14 日的高点 190½ 点比前一个高点低了 5 个点。8 月的成交量相比前高明显缩量，市场的买方力量不足。

（6）次级回调的成交量呈现缩量。1938 年 5 月 27 日的低点 106½ 点比 1938 年 3 月 31 日的低点 97½ 点高了 9 个点。成交量比起前低也明显降低，市场的卖方力量不足。

（7）分析的终点是 1939 年 7 月。之前在 4 月 11 日出现了第一轮小型熊市的低点 120⅛ 点，120 点是一个老底位置附近。而 4 月至 7 月比起前一轮下跌，成交量不大，市场交易清淡。

2. 分析图 10-1 中的成交量数据，这些数据与江恩记录的成交量略有差异。

如图 10-2 所示为道琼斯工业价格平均指数从 1930 年 6 月至 1939 年 6 月的成交量折线图。黑色的折线对应了图 10-1 中的月线成交量；红色的折线对应了江恩记录的成交量。

江恩在记录成交量的时候，很多时候会使用整数，而部分月的成交量没有直接给出，图 10-2 中依据前后文进行了修补。

可以发现两套数据尽管细节部分有差异，但波动形态基本保持一致。在观察一段时期内的成交量时，使用折线的形式可以更容易发现市场沉闷或者成交量的剧烈变化。

图10-2 道琼斯工业平均指数的成交量折线图（1930—1939年，月线）

第11章
一套实用的交易系统

◉ 导读笔记

江恩的机械交易法是一种保证金双向交易法。大原则是顺势而为，只要趋势改变就掉转头寸的方向。另外，该交易法还使用了金字塔加仓法。通过复盘美国钢铁的交易案例，可以更好地理解江恩的交易手法。

· · · · · · ·

机械交易法使用了隔夜图表，其操作方法完全是机械的。当隔夜图表出现了交易信号，交易者无须判断，只需遵循交易规则，依据规则进行买入或卖出，同时设置止损单。机械交易法是一套可能长时间大额获利的方法。

11.1 利用隔夜图表的机械交易法

隔夜图表是以最高价与最低价的日线图为基础制作的，绘制规则如下。

只要个股每一天都形成更高的底部，就将图表上移。但若某天的底部比前一天的底部低 1/4 个点或更多，就要将图表下移至当天的底部。在图表出现转折前，始终记录最高的顶部。随后只要隔夜图表形成更低的底部，就继续下移。若个股在一天内，同时形成了更高的底部和更低的顶部，将其上移到当天的顶部，因为隔夜图表是以底部为依据的。如果是宽幅摆动，例如当天一早就上涨，形成比前一天更高的顶部，晚些时候又下跌，形成比前一天更低的底部，那么在图表上，先上移到当天所到达的顶部或最高点，然后下移到当天的最低点。假设在接下来的一天形成了一个更高的底部，就要上移到当天的顶部。

还可以在隔夜图表中结合阻力位。不过我在美国钢铁的交易记录中只用到了中途点。取上一轮运动的极限低点与极限高点之间的区间，除以 2，计算重心或中途点。当市场来到这个位置时买进或卖出，同时利用 1 个点的止损单做保护。其他的交易指示都是依据隔夜图表。

当个股创出新高，同时新的高点位置又不在老顶与老底之间的阻力区间内，此时只需跟随隔夜图表，依据交易规则的指示，在应当逆转头寸时逆转头寸。

应当在日线图中的永恒阻力位（Permanent Resistance Levels）附近注意日线高点、日线低点的出现，这有助于判断隔夜图表上主要趋势或小型趋势的变化。

11.2 机械交易法的交易规则

交易规则1：在双顶（底）或三重顶（底）用高于顶部1个点（或低于底部1个点）的止损单卖出（或买进）。这就是我使用的交易规则。然而，在许多情况下，如果使用3个点的止损单，会赚到更多的钱。但是，绝大多数情况下，1个点的止损单不会被频繁地触及，当被触及时，通常是应当逆转头寸的时候。最大幅度的下跌（上涨）通常都会从三重顶（底）开始，但是要记住，这些三重顶（底）必须相隔几周或几个月，这一点是非常重要的。仅相隔几天出现的三重顶（底）预示的运动，不如相隔几周或几个月出现的三重顶（底）所预示的运动那么大。

交易规则2：当个股第四次到达同一个顶部（或底部）时，尤其如果是相隔几周或几个月到达时，几乎总是会向上（或向下）突破。因此，当第四次在某个底部买进时，必须在底部下方1个点设置止损单；或者第四次在顶部卖出时，必须在顶部上方1个点设置止损单。

交易规则3：当隔夜图表在1/2位、2/3位或3/4位等类似的阻力位附近形成顶部（或底部）时，卖出（或买进）都应当在高于（或低于）这些确切阻力位1个或2个点的位置设置止损单。原则上应设置1个点的止损单。

交易规则4：触及止损单时，表明隔夜图表的趋势已经逆转。因此，每当止损单被触及时，都应当逆转头寸，反手卖空或反手做多。使用这种方法，赚到的钱将会更多，正如后面对美国钢铁的交易操作显示的那样。在我的交易中，唯一不会逆转头寸的地方是特殊的双顶（底）。当市场来到第二个顶（底）附近，如果没有上涨（下跌）到足够靠近第二个顶（底）的位置以便设置止损单，那么我就不会反手卖空（反手做多）。原则上，止损单会设置在之前某个顶部上方1个点或之前某个底部下方1个点。

交易规则5：使用金字塔加仓法的规则，根据个股的活跃度以及先前被跌破的阻力位置，每间隔3～5个点，买进或卖出上一笔交易量的一半。换句话说，金字塔加仓法的第三笔交易量是第二笔交易量的一半，第四笔交易量是第三笔交易量的一半，依此类推。这种交易法的第一笔交易承担的风险是最大的。随后在进行第二笔、第三笔和第四笔交易时，逐渐缩小了交易量，因此，当触及止损单时，加码过程中的最后一笔交易亏损会很小，而最初买进或是卖出的那一笔交易损失会很大。假设个股已经上涨（下跌）了20个或30个点，在隔夜图表上没有出现任何趋势改变的信号，若使用金字塔加仓法在这段快速上涨（下跌）中做交易，当趋势改变之前，几乎在所有的情形下，隔夜图表都会形成一次逆向运动，使得可以在距离顶（底）部至少3～5个点的位置设置止损单。但是当市场朝着某个方向进行一轮陡直的运动，交易者也已经积累了一大笔赢利时，就会情不自禁地想着"不想失去任何赢利"。在这种情况下，我通常会每天将止损单的位置扩大5个点。也就是说，如果市场是向上的话，就把止损单抬高至高点下方5个点的位置。当市场第一次向下运动5个点时，就对所有金字塔加仓法的买进交易进行平仓。

交易规则6：当个股处于非常活跃且快速运动的状态，尤其是在高价位置时，在逆转头寸之前，应当等待隔夜图表出现趋势的变化。隔夜图表中的变化，是指跌破了前一个低点或者突破了前一个高点。在此之前需耐心等待。

交易规则7：在任何一次大型上涨或大型下跌之后，当隔夜图表显示出趋势的变化时，应逆转头寸，与趋势保持一致。大钱都是通过跟随趋势赚到的。这也是每次趋势变化或止损单被触及时要逆转头寸的原因。如果趋势已经改变，并且到了卖出多头头寸的时机，那就是时候卖空了；反之亦然。

例如，快速运动的市场，像是1929年10月和11月的恐慌，如果交易者使用金字塔加仓法在活跃股上已经赚了一大笔钱，若想兑现大笔的赢利，应当利用距离市价大约10个点的止损单在下跌过程中一路跟进。在一轮剧烈的下跌之后，就要减小止损的空间，设置在低点上方大约 5 个点的位置。原因是，当市场如此快速运动时，就不应等到隔夜图表突破之前的某个顶部，显示出趋势的变化，才改变头寸。在快速运动的市场中，还要留意市场可能会在重要的中途点附近停留。例如，美国钢铁在 38～261¾ 美元，就曾停留在 150 美元附近的中途点。无须等待隔夜图表在 150 美元附近已经出现趋势变化。当下跌到 150 美元附近时，就可以回补空头头寸并多头买进，同时把止损单设置在 149 美元。使用 3 点规则的话，就应当把止损单设置在 147 美元。假设美国钢铁跌破了 150 美元，无论你选用的止损单是哪一个，在触及 149 美元或 147 美元时，都应当反手卖空。

交易规则 8：注意日线图、周线图和月线图的收盘价。如果个股表现活跃，并且连续 3 天、3 周或 3 个月在同样的价格附近收盘，然后趋势变化，那么通常都会继续沿这个方向运行相当大一段距离。然而，对于只研究隔夜图表的交易者，没有必要依靠本条交易规则。这条规则只是为了帮助那些同时研究日线图、周线图和月线图的交易者。

交易规则 9：在非常疲软或强劲的市场中，注意从任意低点开始第一段有 3 个点整的上涨。"3 个点整"是指，例如从低点 100 点反弹到 103 点，就是 3 个点整。假设低点是 99½ 点，那么在反弹到 103 点之前，都不能算作 3 个点整。当个股正在上涨时，要反过来使用本条规则。假设个股上涨到了 150 点，而且已经有一段时间，没有出现 3 个点整的回调。那么如果下跌至 147 点，就把这段下跌看作一轮 3 个点整的回调以及小型趋势正在逆转的一个标志。在本例中，如果只下跌至 147½ 点，甚至是 147¼ 点，都不能算作一轮 3 个点整的回调，因为整数点是以整数为基础的。

根据机械交易法，无论从什么点位或什么价位开始交易，都必须遵循交易规则，并且在任何一笔交易上，冒的风险都不要超过 3 个点。之后可以再利用隔夜图表，并把止损单设置在距离顶部或底部 1 个点的位置。接下来，在美国钢铁的交易案例中，我也一直是这样做的。然后当触及止损单时，逆转头寸，买进或是卖出双倍的股数。当依据止损单回补空头头寸时，要买进多头，与趋势保持一致。同样地，当依据止损单卖出多头头寸时，逆转头寸，并卖空同样的数量，这样可以始终与趋势保持一致。

交易时，我不会使用或利用其他的交易规则，尽管那么做可能会在点位方面获利更多。有些交易虽然在下单之前我就清楚可能会亏损，为了证明机械交易法的长期有效性，我还是坚持每次逆转头寸并设置止损单进行交易。同时，遵循本金的规则，不过度交易，初始交易总是使用3000美元的本金交易100股。如果以300美元的本金起步，那就每笔交易10股，并且在每一笔初始交易中，冒的风险绝不超过3个点，即30美元。增加本金前，不要扩大初始交易的交易单位。这样的话，即使出现亏损，也只会是亏掉本金的10%。

在进行加码时则有所不同。当进行第二笔或第三笔交易时，由于已经有了一笔赢利，相当于是拿着一部分赢利去冒险。即便是这样，也始终要根据隔夜图表，使风险受到止损单的保护。即使设置在加码头寸上的止损单被触及，总共的损失也不会超过本金的10%。一个人如果愿意多年遵循这条交易规则，不只会保住自己的本金，而且还会赚大钱。这一点在任何一只活跃股上都可以得到证明。尽可能少地使用人为判断将在交易中获得更大的成功。机械交易法避免了人为的猜测，因为在趋势逆转时就逆转头寸，反手卖空或反手做多，与趋势保持一致。而正在猜测或使用人为判断的交易者则只会等待。为了成功，必须拥有机器般的行为，无论你所想的以及希望的是什么，都必须依据交易规则买进或是卖出。这恰恰就是我在美国钢铁的交易操作中始终坚持的。

11.3 交易美国钢铁的案例

该交易计划需要3000美元来启动，每笔交易100股。交易规则是，在任何一笔交易中，所冒的风险绝对不超过3个点，即300美元。我还会利用止损单保护所有的交易。

遵循阻力位规则和隔夜图表的使用规则。当加码买进或卖出第二笔时，我会限制自己的风险，以便不会亏损原始本金的10%以上。换句话说，当买进或是卖出第二笔时,都会设置止损单,以使总的亏损不会超过 300 美元。

以下操作是基于隔夜图表进行的交易,并利用阻力位置来确定买进点或卖出点。

1915 年

2 月 1 日,低点 38 美元。

2 月 3 日,高点 41½ 美元。一轮 3 个点的反弹,表明这是一个买进点。以市价买进或是在回调时买进。以 41 美元的价格多头买进 100 股。

2 月 5 日,下跌至 38¾ 美元,随后突破 2 月 3 日的高点 41½ 美元,使隔夜图表的趋势掉头向上。将止损单设置在 36½ 美元,即 39½ 美元下方 3 个点。随后趋势持续向上。

2 月 13 日的高点 45 美元,然后下跌至 2 月 24 日的 40¼ 美元,形成了一个高于 2 月 5 日的底部。此时应当把止损单上移到 38½ 美元,即两个紧挨着的底部下方 2 个点。

3 月 8 日,高点 46 美元。随后 3 月 5 日、13 日和 18 日,在 43½～44¼ 美元附近形成了 3 个底部。此时要把止损单上移到 42½ 美元,即这 3 个底部的下方 1 个点。接着当该股运行到 46 美元的顶部上方 1 个点时,以 47 美元的价格再次多头买进。趋势持续向上。

3 月 29 日,高点 49¾ 美元。此后该股再次在 47¾～48¼ 美元附近形成了 3 个底部,此时要把止损单上移到 46¾ 美元。随后以 51 美元的价格再次多头买进,并把这三笔交易的止损单上移到 48 美元。随后继续上涨。

4 月 10 日,高点 58 美元。

4 月 13 日,回调至 55¼ 美元。此时把止损单上移到 52¼ 美元,即 55¼ 美元下方 3 个点。

4 月 19 日,形成顶部 60¾ 美元。

4 月 24 日,回调至 56¾ 美元。此时要把止损单移到上一个底部 55¼ 美元。

4 月 26 日,高点 59¼ 美元。

4 月 27 日,低点 57 美元,这是第三个更高的底部。此时要把这三笔交易的止损单上移到 56 美元。

4月29日，高点60⅝美元，仅比4月19日的顶部低1/8美元。

4月30日，低点58½美元。此时要把止损单上移到57½美元。

5月3日，上涨至60¾美元。这是同一个价位附近的第三个顶部，应当在此处卖出或是卖空，同时把止损单设置在63¾美元或保留止损单57½美元。在57½美元止损卖出。

第一笔	在41	买进	100股	在57½	卖出—赢利	16½个点
第二笔	在47	买进	100股	在57½	卖出—赢利	10½个点
第三笔	在51	买进	100股	在57½	卖出—赢利	6½个点
	几个100股共赢利					33½个点
	赢利					3350美元
	减去100美元的佣金、税收和利息					100
	净赢利					3250美元

之后把交易单位扩大到200股，每笔的亏损必须限制在600美元以内，即每100股3个点。以57½美元的价格卖空200股，同时把止损单设置在60½美元。

随后出现了下跌，并且跌破了形成于4月24日、27日和30日的3个底部。以54¼美元的价格再次卖空200股。该股一直下跌至48¼美元。这个位置存在3月26日、31日和4月1日的3个底部。根据交易规则，此时要利用1个点的止损单第四次多头买进。以48½美元的价格回补400股的空头头寸，并以48½美元的价格多头买进200股，同时把止损单设置在46¾美元，比3月26日和4月1日的底部低1个点。此时赢利状况如下。

在57½	卖空	200股	在48½	平仓—赢利		1800.00美元
在54¼	卖空	200股	在48½	平仓—赢利		1150.00
	总共赢利					2950.00美元
	佣金和税收					116.00
	净赢利					2834.00
	之前的本金和赢利					6250.00
	得到本金					9084.00美元

这些本金将允许用300股作为交易单位，同时要把每笔交易的风险限制在900美元以内。在回补空头头寸时，以$48\frac{1}{2}$美元的价格多头买进200股，随后就可以再多头买进100股。

5月12日，该股上涨到了$55\frac{1}{4}$美元。观察阻力位$54\frac{1}{2}$美元，即$48\frac{1}{4}$～$60\frac{3}{4}$美元的中位价，预计顶部和回调的出现。可以利用设置在$57\frac{1}{2}$美元的止损单，在$54\frac{1}{2}$美元卖出多头头寸并反手卖空，但是我们选择了等待隔夜图表上的变化。

5月14日，低点$49\frac{3}{4}$美元。此时以$50\frac{1}{2}$美元的价格再次买进100股，然后把300股的止损单设置在48美元。随后恢复上涨，5月17日的价格为$53\frac{1}{2}$美元，接着回调至$51\frac{3}{4}$美元，然后趋势再次掉头向上。现在把止损单移到上一个底部的$49\frac{3}{4}$美元。

5月24日，高点$56\frac{1}{4}$美元。第二次突破了$48\frac{1}{4}$～$60\frac{3}{4}$美元的中位价$54\frac{1}{2}$美元，预示着将会有更高的价格。

5月26日和6月1日，都回调至$53\frac{1}{4}$美元，形成了双底。此时把止损单上移到$50\frac{3}{4}$美元，即前一个低点下方1个点。当突破上一个顶部$56\frac{1}{4}$美元时，再次以$56\frac{1}{2}$美元的价格多头买进200股，并且把所有交易的止损单上移到$52\frac{1}{4}$美元，即上一个双底的下方1个点。

6月4日，该股上涨至$64\frac{1}{8}$美元。

6月9日，下跌至$56\frac{3}{4}$美元。停留在最后的低点$48\frac{1}{4}$美元与高点$64\frac{1}{8}$美元的中位价$56\frac{1}{4}$美元的上方，是该股在这个位置遇到强有力支撑的信号，表明主要趋势向上。因为该股已经运行到了4月19日、29日和5月3日形成的三重顶上方3个点。

从6月9日开始的一轮反弹，持续到6月12日的高点$61\frac{1}{4}$美元。现在把止损单上移到$55\frac{3}{4}$美元，即6月9日的低点下方1个点。

6月14日，下跌至59美元，把所有交易的止损单上移到58美元。该止损单从未被触及。

6月22日，上涨至$61\frac{3}{4}$美元。随后是一系列更低的顶部和底部。

7月7日，下跌至$58\frac{1}{4}$美元。

7月9日，反弹至59¼点，同一天又下跌至58¼点，形成了一个双底。此后恢复上涨。

7月17日，到达了65⅛美元。

7月20日，回调至62½美元。

7月26日，反弹至62⅛美元，同一天下跌至62¾美元，再次形成了一个双底。此后运行到了新的高价区域，并突破了94⅞美元与38美元的中位价66⅜美元。此时以67美元的价格再次多头买进，并把所有交易的止损单上移到61¾美元，即7月26日的上一个低点下方1个点。随后以72美元的价格再次多头买进200股。

8月10日，高点76¾美元。

11日，下跌至73⅝美元。

12日，上涨至75½美元。

14日，下跌至73⅜美元。

18日，上涨至77⅝美元。

现在把所有交易的止损单上移到72⅜美元，即上一个底部73⅜美元下方1个点。随后该止损单被触及，以72⅜美元的价格卖空400股。此时的账户如下所示。

在48½	买进	200股	在72⅜	平仓—赢利		6275.00美元
在50½	买进	100股	在72⅜	平仓—赢利		2162.50
在56½	买进	200股	在72⅜	平仓—赢利		3125.00
在67	买进	200股	在72⅜	平仓—赢利		1075.00
						13087.50美元
在72	买进	200股	在72⅜	平仓		
	减去200股的3/8个点的亏损				75.00	
	佣金				225.00	300.00
	净赢利					12787.50
	之前的本金和赢利					9084.00
	得到操作本金					21871.50美元

这些本金将允许最高可以用700股作为交易单位。

在72⅜美元卖空400股，在69⅜美元卖空300股。

始终要计算出前一轮运动的1/2位。

7月9日最后的低点58⅛美元与8月18日高点77⅝美元之间的1/2位为67⅞美元。8月23日，该股下跌至67¾美元，此时回补空头头寸，并以68½美元的价格多头买进700股，同时把止损单设置在64⅞美元。该股回调至66⅞美元停住了，刚好在1/2位的下方1个点。低点67¾美元再也没有触及。此时账户的结果如下。

在72⅜	卖空	400股	在68½	平仓—赢利	1750.00美元
在69⅜	卖空	300股	在68½	平仓—赢利	252.50
					2002.50
	减去税收和佣金				175.00
					1827.50
	之前的本金				21871.50
	操作本金				23698.00美元

继续用700股作为交易单位。现在已经持有在68½美元买进的多头头寸700股，止损单设置在64⅞美元。再以72美元的价格多头买进300股。

8月27日，上涨至77美元。

9月1日，下跌至73¾美元。

9月2日，反弹至76¾美元。

此时把止损单上移到72¾美元，仅比9月1日的低点低1个点。

9月10日，上涨至76¼美元。

9月11日，下跌至73¾美元。

9月14日，反弹至76美元。

9月17日，下跌至74¼美元。

在73¾～74¼美元附近形成了5个底部，这是应当将止损单设置在72¾美元的确切标志。

9月27日，上涨至79¾美元，高于8月17日以来的所有顶部。以78½美元的价格多头买进300股，把止损单设置在75½美元。

10月1日，高点81¾美元。

6日，低点76¾美元，随后上涨重新开始。

19日，高点87¼美元。

20日，低点85½美元。

21日，高点87⅝美元，把止损单设置在84½美元。

26日，低点85¼美元。

26日，高点87¼美元，这是同一个价位附近的第三个顶部。

本应在此卖出，但是假设止损单在84½美元被触及，在84½美元卖空700股。此时账户的结果如下。

在68½	买进	700股	在84½	卖出—赢利	11200.00美元
在72	买进	300股	在84½	卖出—赢利	3750.00
在78½	买进	300股	在84½	卖出—赢利	<u>1800.00</u>
	赢利				16750.00
	减去税收和佣金				<u>325.00</u>
					16425.00
	之前的本金				<u>23698.00</u>
	操作本金				40123.00美元

现在可以把交易单位提高到1000股了。已经在84½美元卖空了700股。

10月6日，最后的低点是76¾美元。

10月21日，高点87⅝美元，两者之间的1/2位是82⅛美元。

10月29日，该股下跌至82¼美元。注意，10月16日的低点也是82¼美元。此时应当回补空头头寸并多头买进，同时把止损单设置在81¼美元。此时账户的结果如下。

在84½	卖空	700股	在82½	平仓—赢利	1400.00美元
	减去佣金				<u>175.00</u>
					1225.00美元

之前的本金	40123.00
操作本金	41308.00 美元

现在在 82½ 美元多头买进 1000 股。

11 月 1 日，该股上涨至 88⅜ 美元。

3 日，低点 86 美元。

4 日，高点 88 美元。

把止损单上移到 85 美元，即 11 月 3 日的低点下方 1 个点。止损单被触及，在 85 美元卖空 1000 股。此时账户的结果如下。

在 82½ 买进 1000 股 在 85 卖出——赢利	2500.00 美元
减去税收和佣金	250.00
	2250.00
之前的本金	41308.00
操作本金	43558.00 美元

在 85 美元卖空 1000 股时，止损单设置在 88⅜ 美元。

11 月 9 日，该股下跌至 83⅝ 美元。

11 月 12 日，反弹至 88⅜ 美元。

11 月 16 日和 20 日，下跌至 86¼ 美元。

11 月 26 日，高点 88¼ 美元。

12 月 2 日，低点 84½ 美元。

12 月 7 日，高点 88¼ 美元，5 次来到同样的价位。应当在 89¼ 美元设置止损单。12 月 13 日、17 日、21 日，在 84⅞～85¼ 美元之间形成了低点，高于之前的几个底部。止损单应当下移到 87¼ 美元，即 12 月 20 日的高点上方 1 个点。随后该止损单被触及，应当逆转头寸并在 87¼ 美元多头买进 1000 股。此时账户的结果如下。

在 85 卖空 1000 股 在 87¼ 平仓——亏损	2250.00 美元
佣金	250.00
净亏损	2250.00
本金	43558.00

		2500.00
净操作本金		41058.00 美元

已经在 87¼ 美元多头买进了 1000 股。

12 月 27 日，该股上涨至 89½ 美元。

12 月 29 日，低点 86¾ 美元。

12 月 31 日，高点 89½ 美元，这是一个双顶，把止损单上移到 85¾ 美元。接近强有力的阻力位 90 美元的双顶，是一个应当卖出并反手卖空的位置。但是先要看隔夜图表上的趋势是否已掉头向下。止损单在 85¾ 美元被触及，因而在 85¾ 美元卖空 1000 股。此时账户的结果如下。

在 87¼	买进	1000 股	在 85¾	卖出—亏损	1500.00 美元
佣金					250.00
					1750.00 美元

41058 美元的本金还剩下 39308 美元的余额，此时已经在 85¾ 卖空了 1000 股。

1916 年

1 月 24 日，该股下跌至 82¼ 美元。与 1915 年 10 月 16 日和 29 日的低点相同。在 82½ 美元回补空头头寸，并以 82½ 美元的价格，多头买进 1000 股。此时账户的结果如下。

在 85¾	卖空	1000 股	在 82½	平仓—赢利	3250.00 美元
减去佣金					250.00
净赢利					3000.00 美元
本金					39308.00
操作余额					42308.00 美元

在 82½	买进	1000 股	止损单设置	在 81½

1 月 26 日，高点 86 美元。

27 日，低点 82¾ 美元。

28 日，高点 84¼ 美元。把止损单上移到 81¾ 美元，即 1 月 27 日的低点下方 1 个点。随后该止损单被触及，在 81¾ 美元反手卖空 1000 股。

31日，低点 79⅞ 美元。

此时账户的结果如下。

在 81½　买进　1000 股　在 81¾　卖出——算上佣金正好<u>持平</u>

　　　本金　　　　　　　　　　　　　　42308.00 美元

在 81¾　卖空　1000 股　止损单设置在 86¼

◎ 精华笔记

1. 案例利用机械交易法，记录了自1915年2月至1916年1月期间对美国钢铁所做的每一笔交易。图11-1所示为美国钢铁的周线图，在1915年的上涨过程中，应不断加仓，并抬高止损。还应关注1915年10月至1916年1月期间在顶部区间的操作。

图11-1　美国钢铁（1912—1916年，周线）

2. 分析顶部多转空期间的交易操作。图11-2所示为1915年10月至1916年1月的美国钢铁日线图。这期间的交易记录大致如下，由于市场掉头向下，有两笔多头止损的交易。

（1）1915年10月，在84½美元触及了连续抬高的止损单，多头止盈

1300股,并卖空700股。

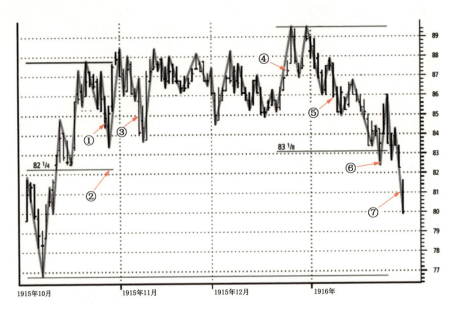

图11-2 美国钢铁(1915年10月—1916年1月,日线)

(2)10月底,在82½美元回补空头,并买进1000股。(图11-2与江恩记录的数据略有差异。)

(3)11月初,在85美元卖出多头,并卖空1000股。

(4)12月下旬,在87¼美元回补空头,并买进1000股。

(5)1916年1月,在85¾美元多头止损,并卖空1000股。

(6)1月,在82½美元回补空头,并买进1000股。

(7)1月底,在81¾美元多头止损,并卖空1000股。